Sven von der Heyde ist Flowmillionär und lebt mit seiner Familie in Lübeck. Sein Herz schlägt höher, wenn er Menschen und Organisationen inspirieren und in ihrer Potenzialentfaltung begleiten darf. Seit vielen Jahren beschäftigt er sich mit den Erkenntnissen der Positiven Psychologie und der modernen Managementliteratur.  Täglich integriert er sie in seine Arbeit – als Autor & Coach und als freier Trainer & Consultant bei WEVOLVE, einem Beratungshaus für neue Führung und achtsame Unternehmenskultur.

www.svenvonderheyde.com
www.linkedin.com/in/svenvonderheyde

York Scheunemann lebt mit seiner Familie in Hamburg und kombiniert beide Welten, die des Top-Managements und die der Achtsamkeit und Spiritualität. Als Führungskraft mit mehr als 20 Jahren Expertise im internationalen Business und in digitaler Transformation vereint er wirtschaftliches Agieren und  menschenzentriertes, wertschätzendes Handeln. Mit dieser Kombination und großer Freude berät er Unternehmen im Rahmen ihrer Neuausrichtung.

www.linkedin.com/in/york-scheunemann

Sven von der Heyde & York Scheunemann

The Monkey Manager

Ein humorvolles Plädoyer für achtsame Führung in
Zeiten des digitalen Wandels

Bibliografische Information der Deutschen National-
bibliothek:
Die Deutsche Nationalbibliothek verzeichnet diese
Publikation in der Deutschen Nationalbibliografie;
detaillierte bibliografische Daten sind im Internet über
http://dnb.dnb.de abrufbar.

Covergestaltung: Anna Stehr
Lektorat: Denis Stehr

Herstellung und Verlag: BoD – Books on Demand,
Norderstedt
ISBN: 9783756221707

Im Leben eines Menschen gibt es Tage, die angesichts der unendlichen Weite des Universums wie Wimpernschläge der Geschichte unachtsam weggeblinzelt werden. Und es gibt Tage, die uns auf ganz unvorhergesehene Weise die Augen für eine neue Wirklichkeit öffnen und so für immer in unserer Erinnerung bleiben.

Da – wie neue Studien belegen – unsere Aufmerksamkeitsspannen in Zeiten des digitalen Wandels und der damit verbundenen obsessiven Nutzung unserer Smartphones verkürzt sind, soll der beabsichtigte kommerzielle Erfolg dieses Buches nicht durch eine langatmige Einleitung gefährdet werden. Die Geschichte beginnt also unmittelbar mit einer Episode im Leben unseres Protagonisten, die für ihn in vielerlei Hinsicht richtungsweisend sein sollte.

Tom war ein attraktiver Mann, Mitte 30, der bereits als zehnjähriger Junge beschlossen hatte, etwas aus seinem Leben zu machen. Getrieben von seinem Wunsch, den Konventionen unserer leistungsorientierten Gesellschaft entsprechend als erfolgreich zu gelten, hatte er zielstrebig auf diesen Tag hingearbeitet. Es erfüllte ihn deshalb mit einer nicht geringen Genugtuung, den unaufdringlichen Ledergeruch seines fabrikneuen Firmenwagens einzuatmen und das Gaspedal dieses überdimensionierten Gefährts durchzutreten, bis der Motor kurz aufheulte.

Der Fahrspaß hielt jedoch nicht lange an. Just an diesem Morgen hatte ein vom Leben nicht besonders rücksichtsvoll behandelter Mann mittleren Alters in Erwägung gezogen, auf einen Baukran zu klettern und unsere Erde durch den Sprung auf eben diese zu verlassen. Die Polizei hatte den Bereich weiträumig abgesperrt und versuchte nun, den Mann von seinem Vorhaben abzubringen. Den meisten Autofahrern, die sich fluchend und ungeduldig im Schneckentempo auf den verstopften Verkehrsadern im Umkreis des Schauplatzes fortbewegten, sollte das Schicksal dieses Mannes jedoch auf ewig verborgen bleiben.

Da Tom sich noch nicht mit der Funktionsweise des eingebauten Navigationssystems vertraut gemacht hatte, nutzte er den nächsten Stopp an einer roten Ampel, um fieberhaft seinen Zielort auf dem Smartphone einzugeben und sich mögliche Ausweichrouten anzeigen zu lassen. So nahm er gar nicht wahr, dass eine kleine Gestalt zielstrebig auf sein Auto zusteuerte, um mit einer Selbstverständlichkeit die Beifahrertür aufzureißen, als ob es sich hier um ein Taxi handelte. Tom erschrak heftig und staunte nicht schlecht, als die kleine Gestalt – es war ein Affe im Anzug – auf dem Beifahrersitz Platz nahm.

In diesen Situationen der punktuellen Überforderung tendieren selbst hochintelligente Menschen wie Tom dazu, den Raum zwischen Reiz und Reaktion ihrem Unbewussten zu überlassen und in Kampf-, Flucht- oder Schockstarr-Modus zu verfallen. In Toms Fall schien sein

Körper einfach für einen kurzen Augenblick eingefroren zu sein, sodass er verständlicherweise nicht bemerken konnte, dass die Ampel auf Grün sprang. Aus einem vereinzelten Hupen hinter ihm entwickelte sich schnell eine akustische Welle der Empörung.

»Jetzt fahr schon los, Mann! Worauf wartest du?«, fuhr ihn der Affe in einem offensichtlich antrainierten maskulinen Ton von der Seite an.

Tom, der sich selbst gerne als durchsetzungsfähigen Charakter bezeichnete, trat auf das Gaspedal, um nach wenigen Sekunden erneut das Ende des Staus zu erreichen. Seine eben noch dagewesene Vorfreude auf seinen ersten Tag im neuen Unternehmen und die inneren Bilder möglicher Willkommens-Szenarien waren schlagartig weggewischt. Plötzlich befand er sich in einer emotionalen Schneekugel, die mehrere Male kräftig durchgeschüttelt wurde. Eine Mischung aus Sprachlosigkeit, Verwunderung, Wut, Neugierde und Angst vor dem Zuspätkommen hatte soeben die Macht über ihn ergriffen.

»Was für ein Drecksstau!«, schimpfte der kleine Affe, ohne seinen überfallartigen Einstieg in irgendeiner Weise zu rechtfertigen. »Und alles nur, weil da vorne irgendein Typ vom Kran springen möchte.«

Tom musterte seinen neuen Beifahrer von Kopf bis Fuß. Der kleine Affe trug einen hellblau schimmernden Designer-Anzug, aus Schlangenleder gefertigte Mokassins, ein erstaunlich schlichtes weißes Hemd und eine bunt gestreifte Krawatte. Gerade wollte er seinen Mitfahrer bitten, sich doch zumindest einmal vorzustellen, als aus der Sakkotasche des Affen die Titelmelodie von Knight-Rider ertönte.

»Mach mal das Radio aus!«, wies er Tom an und fügte hinzu: »Ist wichtig!«

Er zückte sein Mobiltelefon und begann, Grimassen schneidend und wild gestikulierend, der Person am anderen Ende der Leitung Anweisungen zu geben. Als das Telefonat anscheinend ganz nach dem Geschmack des kleinen Affen erfolgreich beendet war, verband er sein Handy per Bluetooth mit dem Audio-System des Wagens und scrollte mit seinem behaarten Daumen durch diverse Playlists, bis er seinen favorisierten Track gefunden hatte.

»Yo, VIP, let's kick it!«, dröhnte Vanilla Ice aus den Boxen. Der Affe ließ das Beifahrerfenster hinunter, begrüßte zwei in einem roten Cabrio vorbeirollende Blondinen mit einem West-Coast-Zeichen und rappte mit beeindruckender Textsicherheit alle drei Strophen herunter.

»Warum singst du nicht mit?«, fragte er Tom, als der Song langsam ausfadete und zum 152. Mal die Basslinie *dumdumdumdumdadadumdum* erklang.

»Ich kann den Text nicht.«

»Aber im Chorus hättest du mitsingen können.«

Nervös trommelte Tom mit seinen Fingern auf dem Lenkrad.

»Was ist denn mit dir los?«, fragte der Affe sichtlich genervt.

»Wenn wir in diesem Tempo weiterfahren, komme ich zu spät zur Arbeit.«

Tom wischte sich eine Schweißperle von der Stirn und verfluchte innerlich die körperlichen Mechanismen, die ihn in Stresssituationen unangenehm stark zum Schwitzen brachten. Es passte nicht zum Image des coolen Typen, der selbst in herausfordernden Situationen immer Herr der Lage war.

»Ich verstehe zwar nicht, warum du einer von diesen pünktlichen Korinthenkackern sein willst, aber wenn du dann aufhörst, aus jeder Pore deines Körpers zu transpirieren, dann sage ich dir eine Abkürzung.«

»Danke, aber ich verlasse mich lieber auf mein Handy.«

Erneut zückte Tom sein Smartphone, um sich von der Navigations-App Echtzeitinformationen zur aktuellen Staulage anzeigen zu lassen.

»Ey, lass mal stecken«, fuhr ihn der Affe an. »Ab jetzt bin ich dein Navi, und zwar nicht nur im Auto! Fahr hier rechts rein!«

Aus irgendeinem unerfindlichen Grund riss Tom das Lenkrad nach rechts und überfuhr dabei fast einen Fahrradfahrer.

»Pass doch auf, du Idiot!«, brüllte der Affe unangebracht aggressiv aus dem Fenster. Der Fahrradfahrer riss seinerseits seinen linken Arm nach oben und zeigte den beiden fluchend den Mittelfinger.

Ungefähr zwei Sekunden, nachdem der kleine Affe triumphierend gesagt hatte: »Siehst du, hier ist alles frei!«, tauchte ein Müllfahrzeug vor ihnen auf, hielt unvermittelt an und blockierte die schmale Seitenstraße, sodass an ein Vorbeikommen nicht zu denken war.

»What the fuck!«, entfuhr es ihm.

Zwei Männer stiegen aus und begannen, den ersten von etwa 20 Kubikmetern Sperrmüll vom Bürgersteig in den Müllwagen zu tragen. Tom raufte sein lichter werdendes, schwarzes Haar und schaute seinen Beifahrer, der sich immer noch nicht vorgestellt hatte, vorwurfsvoll an.

Ein wenig schuldbewusst rutschte der Affe auf dem schwarzen Ledersitz hin und her und stieg schließlich aus dem Wagen, um die Sache selbst in die Hand zu nehmen. Er setzte sich seine gold umrandete Designer-Sonnenbrille auf und bedeutete dem Fahrer des Müllwagens mit einer arroganten Geste, sein Fenster hinunterzufahren. Dieser ließ sich jedoch nicht aus der Ruhe bringen und studierte weiter die untere Hälfte der ersten Seite einer nicht für Qualitätsjournalismus bekannten Tageszeitung.

Tom schlug mit der flachen Hand aufs Lenkrad. So hatte er sich diesen Morgen gewiss nicht vorgestellt. Er zwang sich, drei Mal tief durchzuatmen. Die beiden gut gelaunten Müllwerker stemmten gerade ein altes Sofa hoch und waren durchaus überrascht, als dabei ein kleiner Mönch auf den Bürgersteig purzelte.

»Guten Morgen, die Herren«, sagte der Mönch und klopfte sich den Staub von seiner purpurroten Mönchskutte. »Ich wünsche Ihnen einen wunderbaren Tag!«

»Ebenfalls«, entgegnete einer der beiden, während er seinen Kompagnon ungläubig ansah.

Der kleine Mönch nahm mit einem Lächeln zur Kenntnis, dass die Sonne schien und musterte entspannt seine Umgebung. Schließlich fiel sein Blick auf Tom, der nicht wusste, ob er sich hinter seinem Lenkrad verkriechen oder den Gruß des Mönchs erwidern sollte. Er entschied sich für die zweite Variante und ermutigte ihn damit, näherzukommen.

Der Mönch trat freudig ans heruntergefahrene Beifahrerfenster und stellte sich höflich vor: »Hallo, mein Name ist Ferdinand. Fahren Sie zufällig in diese Richtung?«

Dabei zeigte er genau dorthin, wo sich in ungefähr fünf Kilometern Luftlinie die *Traditional Trade Company*, kurz *TTC* befand – das Unternehmen, bei dem Tom heute seinen Einstand als *Chief Digital Officer*, kurz *CDO*, feiern sollte.

Obwohl Tom zu den Personen gehörte, die sonst um keine Ausrede verlegen waren, fiel ihm in diesem Moment partout nichts Kreatives ein. Wie sollte er erklären, dass er einen arroganten und selbstverliebten Affen als Anhalter mitnahm und den Mönch nun hier stehen ließ?

Also stellte er sich seinerseits vor und lud Ferdinand ein, auf dem Beifahrersitz Platz zu nehmen. Dieser öffnete dankend die Tür und ließ sich neben Tom im Schneidersitz nieder. Er war gerade groß genug, um über das Armaturenbrett hinwegschauen und beobachten zu können, wie der Affe wild gestikulierend mit dem Fahrer des Müllautos argumentierte. Offensichtlich half es nicht, denn wenige Augenblicke später kam er aufgebracht zurück.

Als er den Mönch auf dem Beifahrersitz erspähte, brannten bei ihm alle Sicherungen durch.

»Sag mal, du kannst doch nicht einfach irgendwelche wildfremden Leute mitnehmen!«, brüllte er.

Tom fragte sich, ob sich der Affe der Ironie seiner Äußerung bewusst war.

Der kleine Mönch entgegnete gelassen: »Guten Morgen, Monty. Wir kennen uns bereits, erinnern Sie sich?«

Der Affe, der anscheinend Monty hieß, nahm seine Sonnenbrille ab und schaute Ferdinand abschätzig an.

»Kann schon sein, ich komme viel rum.«

»Wir haben uns vor ein paar Jahren bei einem gemeinsamen Bekannten auf einer Party kennengelernt.«

»Für deinen kleinen Glatzkopf hast du aber ein ganz schönes Elefantengedächtnis«, antwortete der Affe schlagfertig.

Toms linker Mundwinkel zog sich für eine Millisekunde nach oben. Der Affe war ein unverschämter Zeitgenosse, aber auch irgendwie unterhaltsam.

Da ihm gerade nichts anderes übrigblieb als zu warten, sagte er zu Monty: »Setz dich gerne nach hinten, das ist sowieso sicherer.«

»Warum muss sich nicht der Neue nach hinten setzen? Er ist bestimmt drei Zentimeter kleiner als ich!«

Tom schaute Ferdinand fragend an. Dieser nickte verständnisvoll und kletterte auf die Rückbank. Auch Monty folgte erstaunlicherweise Toms Aufforderung und setzte sich neben Ferdinand.

»Möchten Sie sich nicht anschnallen?«, fragte ihn der kleine Mönch.

»Alter, Mann, du bist so eine Petze! Nee, mach ich nicht, no risk, no fun!«

Ferdinand zuckte mit den Schultern. »Es war nur nett gemeint«, schob er entschuldigend nach.

Obwohl sich Tom gerade nicht sicher war, wie real die beiden Gestalten auf seiner Rückbank waren, wusste er, dass er als Fahrer des Wagens dafür verantwortlich war, alle Insassen auf ihre Anschnallpflicht hinzuweisen.

Er drehte sich um: »Ich muss dich wirklich bitten, dich anzuschnallen«, sagte er bestimmt.

»Wo bin ich hier nur gelandet?«, seufzte der Affe und schüttelte den Kopf. Und dann fügte er provokativ hinzu, dass er von »Kontrollfreaks« umgeben sei.

Der Mönch konnte das so nicht stehen lassen. »Es ging mir gar nicht um Kontrolle. Ich machte mir nur ernsthaft Sorgen um Ihre Sicherheit.«

»Wenn jeder an sich selber denkt, ist an alle gedacht«, antwortete Monty.

»Na ja, es gibt allerdings auch körperlich beeinträchtigte und alte Menschen, die an sich selbst denken können und trotzdem die Unterstützung anderer benötigen«, konterte Ferdinand.

»Alter, nennst du mich behindert?«

Monty war nun kurz davor, dem Mönch an die Kutte zu gehen.

»Nein, es ging mir lediglich darum, mich ganz sachlich mit deiner These auseinanderzusetzen.«

»Ich kann mich nicht erinnern, dir das *Du* angeboten zu haben«, fauchte Monty ihn an.

Tom schaute in den Rückspiegel und sah, wie Monty für einen kurzen Moment seinen Blickkontakt suchte und ihm dann zuzwinkerte. Tom interpretierte das Zwinkern als Beweis dafür, dass der kleine Affe ganz bewusst den scheinbar in sich ruhenden Mönch aus der Reserve locken wollte. Tom war gespannt, wie Ferdinand nun reagieren würde.

»Sie können mich gerne duzen«, sagte dieser schließlich und nahm Monty damit den Wind aus seinen Segeln.

»Du mich auch!«, entgegnete er und freute sich dabei sichtlich über die Doppeldeutigkeit seiner Antwort.

In der Zwischenzeit hatte sich hinter ihnen eine lange Schlange von ungeduldigen Pendlern gebildet, die den Fahrer des Müllwagens endlich dazu veranlasste, für eine

Frühstückspause in eine gegenüberliegende Einfahrt auszuweichen.

Während Ferdinand freundlich aus dem Fenster winkend für dieses empathische Manöver dankte, ließ es sich Monty nicht nehmen, dem »lahmarschigen Fettsack am Steuer dieser Drecksschleuder« auch nonverbal seine Wertschätzung entgegenzubringen. Tom, der selbst in einem gutbürgerlichen Elternhaus aufgewachsen und in den Genuss einer anständigen Erziehung gekommen war, bemerkte erstaunt seine eigene Ambivalenz in dieser Angelegenheit. Nach einem kurzen Moment der Innenschau kam er zu der Einschätzung, dass die Reaktion seiner beiden Mitfahrer ziemlich gut die beiden Seelen, die in seiner Brust schlugen, repräsentierte und es nichts hinzuzufügen gab. Also gab er Gas und setzte die Fahrt fort.

»Wo fahren wir eigentlich genau hin?«, fragte Ferdinand nach einer Weile in seiner zurückhaltenden Art.

Tom wollte gerade antworten, als ihm Monty vorschnell ins Wort fiel. »Wir fahren zur *TTC. Traditional Trade Company*, falls du nicht weißt, wofür die Abkürzung steht!«, fügte er belehrend hinzu.

Tom realisierte erst jetzt, dass er mit dem Affen noch gar nicht über seinen Zielort gesprochen hatte.

»Woher weißt du eigentlich, wo ich hinmuss?«, offenbarte er seine Verwunderung.

»Wieso bist du denn nach rechts gefahren, als ich rechts gesagt habe, wenn du eigentlich davon ausgehen musst, dass ich gar nicht weiß, wo du hinwillst?«

»Ich dachte, dass du vielleicht so etwas wie übernatürliche Kräfte besitzt«, stammelte Tom.

»Ey, ich bin ein Affe und kein Hellseher«, antwortete Monty belustigt. »Aber ich habe eine schnelle Auffassungsgabe. Auf deiner Laptoptasche steht doch das Logo der *TTC*. Mich würde jetzt schon einmal interessieren, was du da machst. Bist du Gabelstaplerfahrer?«

»Ich bin eher derjenige, der dafür sorgt, dass es bald keine Gabelstaplerfahrer mehr geben wird«, erwiderte Tom nicht ganz ohne Stolz. »Ich werde ab heute die neu geschaffene Position des *Chief Digital Officers* besetzen.«

»Nicht schlecht, dann gehörst du ja zur sogenannten neuen Führungselite. Das lässt dich auf dem Treppchen meiner Anerkennung eine Stufe nach oben klettern, damit stehst du jetzt auf Stufe eins.« Und gönnerhaft fuhr er fort: »Ich werde mir das Ganze mal in den nächsten Tagen anschauen, vielleicht steckt mehr in dir als ich anfangs dachte.«

Tom konnte sich nicht daran erinnern, Monty eingeladen zu haben, ihn bei seiner Arbeit zu begleiten. Doch hatte dieses dicht behaarte Wesen die richtigen Knöpfe bei ihm gedrückt und ihn bei seinem ausgeprägten Leistungsmotiv gepackt.

Der kleine Mönch hatte aufmerksam zugehört. Der Verlauf der Unterhaltung entfachte in ihm den Wunsch, seine beschützende Hand über unseren Protagonisten zu halten und ihn nicht komplett der Einflusssphäre des

Affen zu überlassen. Deshalb fragte er höflich, ob auch er Tom zur *TTC* begleiten dürfe.

»Ich kenne dort einige Menschen, die ich schon lange nicht mehr gesehen habe. Sehr gerne würde ich die Chance nutzen, sie zu besuchen«, begründete er seinen Wunsch.

Auch um dem heftig mit dem Kopf schüttelnden Affen zu zeigen, dass er nach wie vor einen freien Willen besaß, stimmte Tom zu.

***

Um 09.01 Uhr bog Tom mit quietschenden Reifen in die Straße ein, die fast ausschließlich von Mitarbeitern und Zulieferern der *TTC* genutzt wurde.

Die *Traditional Trade Company* war ein Dinosaurier ihrer Branche, deren Geschichte bis ins vorletzte Jahrhundert zurückreichte. Gegründet von zwei geschäftstüchtigen Brüdern im Jahre 1855, war sie nun seit Jahrzehnten darauf spezialisiert, ein Produkt herzustellen, das bei der zahlungskräftigen Zielgruppe lange als das Nonplus-Ultra gegolten und der *TTC* zurecht eine Reputation beschert hatte, von der andere Unternehmen nur träumen konnten. Doch mit dem wirtschaftlichen Erfolg hatte sich auch eine gewisse Dekadenz in der Vorstandsetage eingeschlichen.

»Den Kurs halten und den Schampus trinken, solange er prickelt«, hatte das versehentlich an die Öffentlichkeit gelangte Motto des ehemaligen Vorstandsvorsitzenden geheißen, der dieses Dickschiff für zwei Dekaden gelenkt hatte. Das abgedroschene Bild des seetüchtigen Kapitäns aufnehmend, hatte der damalige Betriebsratsvorsitzende daraufhin in der Mitarbeiterzeitschrift verlautbaren lassen, dass »der Fisch vom Kopf her stinke.«

Seit ihrem Eintritt in den aus Sicht ihrer Kritiker unverdienten aber durchaus erwünschten Ruhestand trafen sich die beiden nun jeden zweiten Freitag im Monat auf dem Golfplatz, um diese Scharmützel auf spielerische Weise am Green oder im Bunker weiterzuführen.

Die hier anekdotisch vorgetragene Haltung des Managements spiegelte eine Firmenkultur wider, die sich nicht gerade durch Innovationsfreundlichkeit oder den Blick über den eigenen Tellerrand auszeichnete. Man hatte ein hierarchisch strukturiertes, starres und bürokratisches Monster erschaffen, das über die Jahre immer selbstgefälliger, dicker und kurzsichtiger geworden war. Man verließ kaum noch die eigene Komfortzone – eine Handlung, die für einige namhafte Motivationstrainer ja erst den Beginn des Lebens markiert – und vertraute darauf, dass sich die Welt der Kunden weiter so langsam drehen würde wie bisher.

Der Meister der dramatischen Ironie, William Shakespeare, hätte seine wahre Freude daran gehabt, dass der von den Beobachtern vorhergesehene Einbruch des Aktienkurses die Verantwortlichen an einem wolkenverhangenen Dienstag völlig unvorbereitet traf. Es waren die beiden doppelzüngigen Schwestern – *Globalisierung* und *Digitalisierung* – gewesen, welche die *TTC* aus ihrem Winterschlaf wachgeküsst hatten.

Globalisierung hatte zuvor mit einem asiatischen Unternehmen angebandelt und ihm die im Zuge eines Hackerangriffs auf die *TTC* erhaltenen sensiblen Daten in einem nächtlichen Stelldichein zugesteckt. So war auf einmal ein Konkurrent auf dem Markt erschienen, der das Produkt ohne bemerkbare Qualitätseinbußen zur Hälfte des Preises anbieten konnte und nun den aus Sicht der Verantwortlichen »viel zu teuren« Standort und die damit verbundenen Arbeitsplätze bedrohte.

Digitalisierung hatte sich auf einer Reise nach Kalifornien in ein junges Startup verliebt, das davon träumte, mit seinen innovativen Ideen die Branche zu revolutionieren. Im Stadium der verzückten Verknalltheit hatte sie ihren potenten Freunden beträchtliche Summen aus den Taschen geleiert, um hier das nächste große Ding möglich zu machen. Dass dabei das Produkt der *TTC* dem Prozess der schöpferischen Zerstörung zum Opfer fallen würde, bereitete ihr in ihrem unstillbaren Verlangen nach Optimierung keine Kopfschmerzen.

Diese plagten nun vielmehr die Führungsriege der *TTC*. Schnell verständigte man sich darauf, in Zusammenarbeit mit einer renommierten Unternehmensberatung den Karren aus dem Dreck zu ziehen. Dabei fiel ein junger Mann durch seine scharfsinnigen Analysen, inno-

vativen Ideen und sein charismatisches Auftreten besonders auf.

»Sie brauchen jemanden in Ihren Reihen, der mit einem hohen Maß an Digitalkompetenz Ihre Wettbewerbs-
fähigkeit sichert!«, hatte der junge Mann in einer
Präsentation vor dem Vorstandsvorsitzenden gesagt und
ihm dann auffällig lange und selbstbewusst in die Augen
geschaut. Beeindruckt von seinem forschen Auftreten und
begünstigt durch den Umstand, dass man sich so die
Kosten für die Unternehmensberatung sparen konnte,
machte man ihm ein Angebot, das er nicht ausschlagen
konnte.

Dieser junge Mann namens Tom fuhr nun um 09.03
Uhr in die für ihn reservierte Parklücke. Es erfüllte ihn
für mehrere Sekunden mit einer gewissen Genugtuung,
dass er nicht wie der Großteil der seit vielen Jahren dort
Beschäftigten um einen Parkplatz kämpfen musste.

»Alter, zieh dir mal die dicken Karren hier rein«, rief
Monty bewundernd und verwies auf die neben ihnen
parkenden SUVs der Vorstandsetage. Toms Dankbarkeit
für den privilegierten Parkplatz wich einem Gefühl der
leichten Unterlegenheit, weil hier bei der Vergabe der
Dienstwagen offenbar innerhalb des Vorstands Unterschiede in der Ausstattung gemacht wurden.

»Da ist noch viel Luft nach oben bei dir«, provozierte
Monty und knallte ein wenig verächtlich die Autotür so
hinter sich zu, als ob er auf einmal nichts mehr mit dem
Gefährt zu tun haben wolle.

Ferdinand hingegen sagte: »Vielen Dank, dass du mich mitgenommen hast! Ich werde dich nun nicht weiter aufhalten und meine Freunde besuchen.«

Dabei faltete er als Geste der Dankbarkeit seine Hände vor seiner Brust und verneigte sich lächelnd vor Tom. Einen hektischen Blick auf seine Armbanduhr werfend, war dieser angesichts der fortgeschrittenen Zeit froh, den meditativ schlendernden Mönch nicht zur Eile antreiben zu müssen und entgegnete floskelhaft, dass er auf ein baldiges Wiedersehen hoffe.

So zog Ferdinand über den Parkplatz in Richtung eines großen, grauen Gebäudekomplexes davon, während Tom und Monty das architektonisch wesentlich ansprechendere Vorstandsgebäude ansteuerten.

»War doch klar, dass er nur ein paar Blaumänner in der Werkshalle kennt«, raunte der kleine Affe Tom zu. »Auf diese Kontakte können wir gut und gerne verzichten.«

Die beiden hatten nun die gläserne Drehtür im Eingangsbereich erreicht und obwohl sie schon sechs Minuten zu spät waren, blieb Tom kurz stehen und atmete einmal tief durch. Dabei stellte er seinen rechten Fuß so ungeschickt vor die Drehtür, dass Monty, der bereits vorangeprescht war und sich jetzt im rotierenden Mechanismus befand, unsanft mit dem Kopf gegen die Glasscheibe knallte und zu Boden ging.

Tom kehrte ihn mit der Drehtür in den Marmor versiegelten Eingangsbereich und zog entschuldigend seine

Schultern hoch. Monty taumelte benommen zu einem der schwarzen Ledersofas, das neben einem roten Kaffeevollautomaten in der Ecke stand und legte sich stöhnend darauf.

In diesem Augenblick kam Dr. Thomas Berger, seines Zeichens CEO der *TTC*, mit ausgreifenden Schritten auf Tom zu und begrüßte ihn durchaus herzlich. Er war ein hochgewachsener Mann, Anfang 60, der eine gesunde, jedoch nicht immer auf einer realistischen Einschätzung der Faktenlage beruhende Portion Selbstbewusstsein ausstrahlte.

Als er Tom am Rezeptionstisch vorbei zum Konferenzraum führte, konnte er es sich jedoch nicht verkneifen, seinen Unmut über dessen Unpünktlichkeit an der Empfangsdame auszulassen: »Ich hatte Ihnen doch gesagt, dass Sie Herrn Neumann direkt zu uns bitten sollten!«

Tom blickte mit doppelt schlechtem Gewissen zurück in die Eingangshalle, bevor er zusammen mit seinem neuen Chef in den Flur trat, der zu einem der Besprechungsräume führte. Dort wartete bereits der versammelte Vorstand der *TTC*, um den neuen CDO in Empfang zu nehmen und die Veröffentlichung der Quartalszahlen vorzubereiten. Symptomatisch für die verstaubte Kultur dieses traditionellen Unternehmens befand sich keine einzige Frau im Raum.

Tom schüttelte fünf Hände und achtete dabei darauf, dass sein fester Händedruck Selbstvertrauen und Souveränität transportierte. Sein Vater hatte ihm die Bedeutung des Händedrucks als Zeichen maskulinen Auftretens schon früh in seinem Leben vermittelt und Tom erinnerte sich noch sehr gut daran, wie sie zusammen mit seinem Onkel, dem Finanzvorstand eines großen Konzerns, so lange geübt hatten, bis der Händedruck einen zufriedenstellenden Perfektionsgrad erreicht hatte.

»Meine Herren«, sagte Dr. Berger, »lassen Sie uns gemeinsam Tom Neumann begrüßen. Sie haben seine Fähigkeiten und Qualifikationen bereits in den vergangenen Monaten kennen und schätzen gelernt und deshalb freue ich mich sehr, dass er nun permanent an Bord ist. Uns allen ist bewusst, dass wir uns in stürmischen Zeiten befinden, die außergewöhnliche Maßnahmen erfordern. Ich für meinen Teil bin entschlossen, das zu tun, was es braucht, um unser Unternehmen wieder auf einen sicheren Kurs zu bringen und für eine nachhaltig erfolgreiche Zukunft auszurichten.«

Dr. Berger ließ seinen Blick langsam durch den Raum wandern und wandte sich schließlich dem auf die Leinwand projizierten Segelboot zu, das seine Metapher zweifelsohne unterstreichen sollte.

Damit spielte er wiederum einem kleinen Kreis von Verschwörungstheoretikern in die Hände, welcher steif und fest behauptete, dass mindestens die Hälfte der großen Unternehmenslenker einen Rhetorikkurs bei der deutschen Schifffahrtsgesellschaft belegt hätte. Diese strebe durch die Verbreitung seetauglicher Bildsprache in Reden und Präsentationen eine unbewusste Manipulation der Zuhörer an, um ihre Partikularinteressen in der Regatta der Lobbyisten durchsetzen zu können.

Dr. Berger wechselte zur nächsten Folie und ließ das schöne Segelschiff hinter einem deprimierenden Balkendiagramm verblassen.

»Wir werden in genau einer Woche unseren Quartalsbericht vorlegen müssen. Stand heute wird das Ergebnis desaströs sein und unseren Aktienkurs weiter einbrechen lassen. Was wir jetzt brauchen, sind positive Botschaften, die wir unseren Stakeholdern überbringen können. Wir müssen uns ein bisschen Luft verschaffen und auf günstigere Winde hoffen.«

Er wandte sich unserem Protagonisten zu: »Tom, können Sie sich vorstellen, bis Sonntag einen 10-Punkte-Plan zu unserer neuen Digitalstrategie vorzulegen?«

Tom dachte bei sich, dass es bezeichnend für die Naivität und Kurzsichtigkeit der Vorstandsetage der *TTC* war, dass man sich innerhalb von sieben Tagen eine Lösung für die Missstände des vergangenen Jahrzehnts erhoffte. Natürlich hatte er erwartet, dass der Einstieg alles andere als entspannt werden würde. Doch dass man während seiner ersten zehn Minuten im Unternehmen die Verantwortung für die Rettung der *TTC* quasi auf seinen Schultern ablud, überraschte ihn dann doch. Während sich alle Blicke erwartungsvoll auf ihn richteten, überlegte er fieberhaft, wie er auf Dr. Bergers Frage reagieren sollte.

In diesem Moment sprang die Tür zum Besprechungsraum auf und der kleine Affe platzte mit einer

Selbstverständlichkeit herein, als ob alle nur auf ihn gewartet hätten. Er stellte sich breitbeinig neben Tom, klopfte ihm ermutigend auf die Schulter und sagte: »Natürlich können wir das. Dafür sind wir ja schließlich hier. Sonntagabend liegt der Plan auf Ihrem Schreibtisch.«

Dr. Berger und seine Kollegen nickten zufrieden und Tom war fast dankbar, dass Monty für ihn geantwortet hatte.

»Das Ding muss natürlich Hand und Fuß haben, sonst nimmt uns das keiner ab«, fügte Christian Schwarz, der als Chief Financial Officer als Herr der Zahlen galt, unnötigerweise hinzu. Er war ein von Komplexen geplagter untersetzter Mann mit adipösem Habitus, Mitte 40. In der Belegschaft hatte er sich schnell den Spitznamen *Bulldogge* verdient – eine Anspielung auf sein äußeres Erscheinungsbild gepaart mit einer wadenbeißerischen Art und Weise, mit anderen Menschen zu kommunizieren.

Schwarz war auch derjenige gewesen, der die neu geschaffene Stelle des CDO mit großer Skepsis betrachtet und im Vorfeld starke Bedenken geäußert hatte. Es war aus seiner Sicht ein Unding, dass ein Neuling wie Tom in so kurzer Zeit in die Führungsriege aufsteigen konnte, ohne sich in irgendeiner Form um die *TTC* verdient gemacht zu haben.

»Neben Hand und Fuß werden wir unserer Digitalstrategie auch einen Kopf und eine breite Brust verpassen, wenn es Ihnen genehm ist!«, reagierte Monty schnippisch.

Die gefühlte Temperatur im Raum sank für einen kurzen Augenblick auf Eiskammerniveau.

Dr. Berger, dem das forsche Auftreten des Affen nicht ungelegen kam, versuchte die Wogen zu glätten.

»Meine Herren, ich bin mir sicher, dass wir gemeinsam unser geliebtes Dickschiff wieder in sichere Gewässer navigieren werden und jeder von uns wird seinen Teil dazu beitragen. Doch lassen Sie mich noch einige Dinge sagen, bevor wir es anpacken und frisch ans Werk gehen!«

Nachdem Dr. Berger seine Präsentation beendet und Arbeitspakete für die kommenden Tage verteilt hatte, schlenderten die Vorstandsmitglieder in ihre gläsernen Eckbüros in der zweiten, dritten und vierten Etage des Gebäudes.

»Ihre persönliche Assistentin wird Ihnen Ihr Büro zeigen und Sie bei allem, was Sie für Ihren Einstieg benötigen, unterstützen«, sagte Dr. Berger augenzwinkernd zu Tom. Dann klopfte er ihm gönnerhaft auf die Schulter und drehte ihn sanft in die Richtung, aus der ein Geschöpf wie aus dem Katalog eines Modeversandhandels mit energischen Schritten auf sie zusteuerte. Monty stieß Tom mit seinem Ellenbogen gegen die Kniescheibe und flüsterte viel zu laut: »Boah, ist die hot!«

»Hallo, ich bin Jana«, sagte die Assistentin freudestrahlend und reichte Tom ihre Hand. Dieser entgegnete charmant und zugleich um eine distanzierte Professionalität bemüht, dass er sich auf die produktive Zusammenarbeit freue.

Jana führte Tom zu seinem neuen Büro auf der ersten Etage und Monty ließ sich dabei nicht ohne Hintergedanken beim Erklimmen der Treppenstufen ein wenig zurückfallen, um seinen Größennachteil beim Blick auf Janas wohl geformtes Gesäß voll auszuspielen.

Durch ein Vorzimmer, in dem Janas Arbeitsplatz beheimatet war, gelangten sie schließlich in den luxuriös eingerichteten Raum, der für Tom ab heute zum zentralen Aufenthaltsort in seinem bevorstehenden Lebensabschnitt werden sollte. Ihm missfielen gleich zwei Dinge, die er jedoch – euphorisiert durch Janas Anwesenheit – für sich behielt. Zum einen handelte es sich *nicht* wie bei den Büros der anderen Vorstandsmitglieder um ein Eckbüro. Zum anderen blickte man von der großen Fensterfront aus *nicht* auf die hinter dem Gebäude liegenden Grünanlagen, sondern auf den Parkplatz und die hässliche graue Werkshalle.

Tom nahm einen kleinen Stapel druckfrischer Visitenkarten, die auf der aus Mahagoniholz gefertigten Schreibtischplatte lagen, und begutachtete stolz seinen in Rekordzeit erworbenen Titel.

Tom Neumann
Chief Digital Officer
Traditional Trade Company

Monty hatte es sich in der Zwischenzeit auf dem schwarzen Ledersofa bequem gemacht, auf dem Tom die kommenden Nächte verbringen würde.

»Machen Sie uns bitte einen Kaffee, Jana?«, sagte er in einer Stimmlage, die Tom so noch nicht von ihm vernommen hatte.

Jana erkundigte sich nach den Gewohnheiten – Schwarz? Mit Milch? Ohne Zucker? – und verließ mit freundlicher Miene den Raum, während sie sich innerlich fragte, wozu sie einen Bachelor in internationaler Betriebswirtschaftslehre an einer renommierten Business School gemacht hatte, wenn sie jetzt von so einem gelackten Affen wie eine Praktikantin behandelt wurde. Während sie die Milch zum Schäumen brachte, nutzte sie deshalb die Zeit, um den am selben Morgen von ihr erstellten Pressespiegel mit den neuesten Zahlen des asiatischen Wettbewerbers und den soeben bekannt gewordenen Expansionsplänen des kalifornischen Startups auszudrucken.

Auf einem Silbertablett servierte sie Tom, der mittlerweile am Schreibtisch Platz genommen und seinen neuen Laptop aufgeklappt hatte, einen Latte Macchiato nebst dem wenig erfreulichen Lesestoff. Dieser verkniff sich eine Bemerkung zur ausgedruckten Pressemitteilung – er war hier schließlich für die Entwicklung einer neuen Digitalstrategie verantwortlich – und überflog die ersten Seiten.

»Was ist los, du machst ein Gesicht wie drei Tage Regenwetter«, sagte Monty und riss Tom das Dokument aus den Händen. »What the fuck, diese Wichser meinen es wirklich ernst!«, entfuhr es ihm, als er selbst einen flüchtigen Blick darauf geworfen hatte.

Tom runzelte aufgrund der obszönen Sprache in Anwesenheit einer Dame die Stirn, aber stellte Montys Bemerkung inhaltlich nicht in Frage. Er nahm einen Schluck von seinem Getränk. Hätte man ihn danach gefragt, wie sein Kaffee gerochen und geschmeckt oder ob er sich bei diesem Schluck tatsächlich die Zunge verbrannt habe, er hätte sich nicht daran erinnern können. Es war ihm angesichts der überwältigenden Herausforderungen, mit denen er in diesem Augenblick konfrontiert war, ziemlich egal. Er wusste, dass es nun an der Zeit war, in den Machermodus zu schalten.

Mit wild entschlossenem Blick krempelte er demonstrativ die Ärmel seines weißen Hemds hoch und sagte wie ein Held, der in die Schlacht zieht: »Alles klar Monty, ab jetzt räumen wir den Laden hier einmal richtig auf!«

»Lass uns mal eine Pizza bestellen«, schlug Tom vor, während er sich seine brennenden Augen rieb. Seit zehn Stunden hatten Monty und er nicht mehr den Raum verlassen. Draußen war es bereits dunkel und auf dem gesamten Firmenparkplatz standen nur noch zwei Autos. Jana hatte sich vor wenigen Minuten verabschiedet und dabei trotz der in diesem Land und Unternehmen geltenden Arbeitszeitrichtlinien ihr schlechtes Gewissen zum Ausdruck gebracht. An diesem Abend könne sie ihren Freund an seinem Geburtstag nicht alleine zuhause sitzen lassen, aber sie werde jegliche abendlichen Verpflichtungen in den kommenden Tagen streichen, wenn es die Situation erfordere, hatte sie beteuert.

Monty missfiel Janas »illoyales Verhalten«, wie er Tom verärgert wissen ließ. Tom war sich allerdings sicher, dass der Unmut des kleinen Affen vielmehr auf der soeben erhaltenen Information zu ihrem Beziehungsstatus beruhte und weniger auf der Tatsache, dass sie es vier Stunden nach Feierabend wagte, die Zelte abzubrechen.

»Na ja«, sagte Monty schließlich, »es sind halt nicht alle aus demselben Holz geschnitzt wie wir. Wir bleiben auf jeden Fall hier und ziehen einen All-Nighter durch.«

Tom nickte zustimmend. Er war es gewohnt, bis spät in die Nacht zu arbeiten und mit wenig Schlaf auszukommen. Wenn sie bis Sonntag etwas Substantielles vorlegen wollten, dann hatten sie gar keine andere Wahl.

Zwar waren sie bei der Entwicklung der Digitalstrategie schon in vielen Bereichen weitergekommen, doch fehlte diese eine bahnbrechende Innovation, welche die *TTC* wirklich zukunftsfähig machen konnte.

»Wir müssen mal so richtig kreativ werden! Thinking outside the box, mein Freund!«, forderte Monty deshalb vehement ein, nachdem er seinen vierten Energydrink an diesem Tag geext hatte. »Dein Problem ist, dass du eher so der unkreative Beratertyp bist, der immer schön seine Zahlen in Excel-Tabellen eingibt und dann eine Power-Point-Präsentation daraus bastelt. Das ist hier aber nicht Malen nach Zahlen, mein Freund. Wir haben es mit einem der innovativsten Startups im Valley zu tun, da brauchst du ein ganz anderes Mindset!«

Die paternalistische Ansprache des kleinen Affen erinnerte Tom an den großen Gatsby, den Protagonisten des gleichnamigen Meisterwerks von F. Scott Fitzgerald. Dieser sprach Nick Carraway, den Erzähler der Geschichte, ungefähr 1000 Mal mit »old sport« an. Es handelte sich dabei um eine verbale Machtdemonstration, die der Affe sich wahrscheinlich dort abgeschaut hatte und nun bewusst einsetzte, um ihn systematisch zur Weißglut zu bringen.

»Ok, Message angekommen«, erwiderte Tom wohl wissend, dass Kreativität im Gegensatz zur Analyse tatsächlich nicht zu seinen großen Stärken gehörte und er deshalb die Unterstützung des kleinen Affen durchaus gebrauchen konnte. »Wie wollen wir vorgehen?«

»Wir machen jetzt ein Brainstorming. Du kennst die Regeln: Alles ist erlaubt! Keine Denkverbote! Und keine niederziehenden Kommentare zu den Ideen!«

Monty sprang auf und lief wie ein ungezähmter Tiger in einem viel zu kleinen Käfig unruhig im Raum hin und her. »Jetzt stell dir mal vor, du hättest den ganzen Keller voll programmierender Supernerds, also den Typen mit den fettigen Haaren, hässlichen Klamotten und null Komma null Sozialkompetenz, und könntest sie 24 Stunden am Tag für dich arbeiten lassen. Was würdest du dann machen?«

Tom dachte nach. »Na ja, sie könnten dafür sorgen, dass wir all unsere Prozesse digitalisieren und so langfristig eine Menge Arbeitskosten sparen.«

»Prozesse, Prozesse, Prozesse! Wenn ich das schon höre! Wir sprechen hier über das ganz große Ding, mein Freund! Wenn wir weiterhin dasselbe Produkt herstellen, werden wir im Wettbewerb um den niedrigsten Preis mit Schingschangschong schieß mich tot aus Fernost zugrunde gehen. Hätten die rückständigen Gewerkschaften nicht den Mindestlohn durchgedrückt, hätten wir vielleicht noch eine Chance. Aber so, vergiss es, mein Freund.«

»Gelten die allgemein etablierten Regeln des Brainstormings auch für dich?«, fragte Tom genervt.

»Das ist genau dein Problem, mein Freund. Du denkst an Regeln, während ich versuche, alles in Frage zu stellen. Jetzt zieh dir mal rein, wie es wäre, wenn du unser

Produkt mit einer App steuern könntest. Dann würdest du auf dem Weg nach Hause in deinem selbst fahrenden Auto sitzen und hättest schon die Hälfte der Arbeit erledigt, bevor du überhaupt durch deine Haustür trittst.«

Monty gestikulierte nun wild herum und war gar nicht zu bändigen. »Weißt du, was wir mit dieser Innovation an Kundendaten erheben könnten? Auf einmal wissen wir ganz genau, was die Leute wann, wo und wie wollen und können die Daten an andere Unternehmen verticken. So haben wir gleichzeitig ein neues Geschäftsmodell! Booooom!«

Der kleine Affe hopste auf den Schreibtisch, schnappte sich seine Luftgitarre und sprang um einen möglichst coolen Gesichtsausdruck bemüht mit gespreizten Beinen wie Angus Young in seinen besten Jahren auf den Boden.

»Was sagst du? Ich habe dir gerade den Arsch gerettet, mein Freund!«

»Cool, dann gebe ich jetzt unseren im Keller hockenden Programmierern Bescheid, dass sie sofort mit der Entwicklung starten können. Danach setze ich mich in mein selbstfahrendes Auto und esse meine von einer Drohne gelieferte Pizza.«

»Yeah, the future is now!«, stimmte Monty frohlockend ein.

»Sag mal – und ich bezweifele das schon die ganze Zeit – bist du eigentlich mit dem Konzept der Ironie vertraut?«, fragte Tom und kratzte sich an der rechten Schläfe.

»Es ist unfassbar!«, regte sich Monty auf. »Da bist du seit gerade einmal einem Tag in diesem Unternehmen angestellt und hast dich in deiner Denke schon komplett diesem Laden hier angepasst. Und FYI: Deine Bemerkung war sarkastisch, nicht ironisch!«

In diesem Moment klopfte der Pizzabote, der auf einem orangefarbenen Elektroscooter gekommen war, vorsichtig an die Tür. Die für das Qualitätsmanagement zuständige Fachkraft der Putzkolonne hatte ihn hereingelassen. Der unwiderstehliche Geruch von Salamipizza erfüllte innerhalb von wenigen Sekunden den Raum. Tom biss beherzt in ein von Fett triefendes Stück und wischte sich mit einer weißen Papierserviette den Mund ab. Er war froh, dass der kleine Affe einfach einmal seine vorlaute Klappe hielt und sich mit animalischem Instinkt über seine Familienpizza hermachte.

***

Tom öffnete blinzelnd die Augen und erkannte zwei leere Pizzakartons, die auf dem kniehohen Beistelltisch neben ihm standen. Er musste vor Müdigkeit irgendwann in den frühen Morgenstunden auf dem schwarzen Ledersofa eingeschlafen sein. An seiner Schulter klebte schnarchend und sabbernd der kleine Affe, der seine Krawatte zu einer Augenbinde umfunktioniert hatte. Tom schob ihn sanft beiseite und trat an die große Fensterfront, während er seine Glieder streckte. Von dort konnte er beobachten, wie eine kleine Gruppe von Mitarbeitern rauchend vor dem Eingang der Werkshalle stand und ihre passierenden Kolleginnen und Kollegen freundlich begrüßte.

Er öffnete ein Fenster und atmete die frische Morgenluft ein. Plötzlich erinnerte er sich an den kleinen Mönch. Ihre Begegnung lag nur einen einzigen Tag zurück, doch Tom kam es vor wie eine halbe Ewigkeit. Wahrscheinlich war er gestern Vormittag wieder zurück in die Stadt gefahren, um dort auf einem für den Sperrmüll bestimmten Sofa zu nächtigen. Der Mönch war zwar lange nicht so unterhaltsam wie der Affe gewesen, doch wusste Tom tief in seinem Inneren, dass ihm seine Anwesenheit gutgetan hatte.

»Ich sollte einmal in die Werkshalle schauen und mit den Leuten ins Gespräch kommen«, sagte Tom laut denkend.

»Whaaaat?«, grölte Monty aus dem Hintergrund erstaunlich wach, »bist du jetzt vollkommen durchgeknallt?«

Tom wünschte sich, er hätte seinen Gedanken nicht ausgesprochen, sondern sich einfach leise aus dem Raum geschlichen.

Monty ließ nicht locker: »Willst du dich jetzt bei der Belegschaft einschleimen oder was? Das ist doch eine ganz billige Masche, auf die garantiert keiner reinfällt. Die haben erstens gar keinen Bock auf dich und zweitens hast du jetzt gerade bessere Dinge zu tun als deine Zeit bei den Blaumännern in der Werkshalle zu vertrödeln!«

»Ich dachte, dass . . .«, setzte Tom an.

»148 unbeantwortete E-Mails!«, raunte Monty vorwurfsvoll beim Aufklappen des Laptops. »Das wirft nicht unbedingt ein gutes Licht auf deine Arbeitsmoral. Und wo ist eigentlich Jana? Jaaaaanaaa!«

Die Gerufene öffnete die Tür des Büros und wünschte den beiden einen »wunderschönen guten Morgen.« Dabei musste sie sich sehr zusammenreißen, um die Duftmischung aus Pizzafett, Affenkäfig und ungeduschter Führungskraft nicht mit einem Kommentar zu würdigen. »Haben Sie gar nicht zuhause geschlafen?«, fragte sie Tom verwundert.

»Schlafen können wir, wenn wir tot sind«, antwortete Monty für ihn.

»In unserem Kellergeschoss gibt es die Möglichkeit zu duschen, wenn Sie möchten«, bemerkte Jana höflich.

»Sie sagt dir durch die Blume, dass du stinkst!«, klärte Monty noch schlaftrunken aber schon wieder besserwisserisch auf. »Jana, tun Sie uns doch bitte einen Gefallen und organisieren Sie für Tom ein paar frische Anzüge und Hemden.«

Er kramte in Toms Portemonnaie und holte einen kleinen blauen Abrisszettel aus der Reinigung heraus. Mit einem frechen Grinsen überreichte er ihn Jana, die ihn mit kontrolliert freundlicher Miene entgegennahm.

»Ökonomisches Prinzip meets Eisenhower-Matrix«, sagte Monty grinsend, als Jana das Büro verlassen hatte. »Du delegierst den Kleinscheiß und konzentrierst dich auf deine Stärken!«

***

Zwei Stunden später befanden sich Monty und Tom mit einem Stapel frischer Klamotten im Fahrstuhl auf dem Weg in den Keller. Tom hatte sich eigentlich darauf gefreut, einmal für 15 Minuten allein zu sein, doch hatte der kleine Affe vehement darauf bestanden, ihn zu begleiten. Hätte er gewusst, dass Monty nonstop unter Missachtung unseres musikalischen Grundbedürfnisses nach Harmonie unter der Dusche singen würde, hätte er sich mit Sicherheit nicht erweichen lassen.

»I feeeeel good, dadadadada! Oh yeah, oh yeah, oh yeah!«

Verdächtige Grunzgeräusche drangen durch die weiße Wand, welche die beiden Duschkabinen voneinander trennte.

»Sag mal, holst du dir gerade einen runter?«, fragte Tom ungläubig.

Er hoffte inständig, dass sich seine Vermutung nicht bestätigen würde.

»Ey, ich kann auch nichts dafür, dass die goldenen Zeiten, in denen wir uns jeden Abend Nutten und Koks ins Office bestellen konnten, vorbei sind.«

Tom fragte sich, warum es sich dabei um »goldene Zeiten« handeln sollte.

Der kleine Affe fuhr schamlos fort: »Aber jetzt mal unter uns: Glaubst du, Jana würde sich so eine enge Bluse und Pfennigabsätze anziehen, wenn sie es nicht faustdick hinter den Ohren hätte? Das ist wie eine schriftliche Einladung, mein Freund! Ich kenne die Sorte.«

Unser Protagonist, der – wie bereits erwähnt – eine gute Erziehung genossen hatte, beschloss, dass es allerhöchste Zeit war, die Dusche zu verlassen. Er band sich ein graues Frotteehandtuch um die Hüften und trat vor den beschlagenen Spiegel des luxuriös eingerichteten Badezimmers. Mit seiner linken Hand wischte er mit einer kreisförmigen Bewegung einige Wassertropfen zur Seite, um sich selbst betrachten zu können. Als er sein unrasiertes Gesicht erblickte und es näher an den Spiegel schob, erschrak er heftig. Er erkannte ganz eindeutig affenartige Züge, die er in dieser Form noch nie bei sich wahrgenommen hatte.

Tom zog sich in Rekordtempo um und schlich sich leise auf den Flur hinaus, während der kleine Affe gerade nicht nur den Höhepunkt seines Songs erreichte.

Nach einem kurzen Zwischenstopp bei Jana machte sich Tom auf den Weg zu Dr. Berger, der ihn zusammen mit Christian Schwarz zu einer Besprechung in sein Büro gebeten hatte.

»Sie scheinen sich ja schon ganz gut bei uns eingelebt zu haben«, sagte er schmunzelnd. Seine Formulierung war bewusst so gewählt, dass man ihr mehrere – teilweise positive, teilweise negative – Botschaften entnehmen konnte. »Wie erfolgreich waren Sie bisher?«

Tom skizzierte die Eckpunkte seiner Digitalstrategie und erntete viel Kopfnicken bei Dr. Berger. Euphorisiert durch das positive Feedback ließ er sich dazu hinreißen, einige von Montys kühnsten Ideen zu präsentieren, die er in ihrer nächtlichen Brainstorming-Session entwickelt hatte. Doch je länger er weiterredete, umso nervöser ließ Christian Schwarz seine schwülstigen Finger auf der Glasplatte des Tisches trippeln.

»Tom«, unterbrach er ihn schließlich, »Ihr Ehrgeiz ist ja durchaus bewundernswert. Aber wir sollten hier einen Schritt nach dem anderen gehen und uns nicht in unrealistischen Zukunftsszenarien verlieren!«

Dr. Berger, der in dieser Sache hin- und hergerissen wirkte, pflichtete schließlich seinem CFO bei.

»Ja, konzentrieren Sie sich vielleicht erst einmal auf die Punkte, die Sie zu Beginn dargestellt haben.«

So machte Tom schon an seinem zweiten Tag bei der *TTC* eine Erfahrung, die vielen ambitionierten Männern und Frauen einen nicht geringen Teil ihrer Motivation rauben kann. Wir streben nach Einfluss und wollen immer höhere Positionen bekleiden, um endlich selbst die Dinge entscheiden zu können und uns nicht mehr als kleine Rädchen im System zu fühlen. Doch beim Erklimmen jeder weiteren Stufe entpuppt sich die vermeintlich dazugewonnene Freiheit als Illusion. Interne Machtstrukturen und äußere Zwänge schränken unseren Gestaltungsspielraum ein. Wir sind als kleiner Vogel einem kleinen Käfig entkommen und finden uns nun als größerer Vogel in einem größeren Käfig wieder. Die Relationen haben sich jedoch kaum verändert und so bleibt das Gefühl dasselbe.

Tom wünschte sich für einen kurzen Augenblick Monty an seine Seite, der jetzt bestimmt die richtige Antwort gefunden und ordentlich auf den Putz gehauen hätte. Frustriert verließ er das Büro und schlenderte mit hängenden Schultern zum Fahrstuhl. Die Tür öffnete sich und vor ihm stand – nur mit einem Handtuch bekleidet – der kleine Affe, der gerade seinen angespannten Bizeps im Spiegel betrachtete und sich sichtlich ertappt fühlte.

»Hey, wo warst du, Alter?«, fragte Monty vorwurfsvoll.

»Bei Dr. Berger und dem bekloppten Schwarz«, antwortete Tom mürrisch.

»Was, ohne mich? Was haben sie zu meinen Ideen gesagt?«

Tom legte seine Stirn in Falten und machte eine Geste, die den unbefriedigenden Ausgang des Gesprächs zum Ausdruck brachte.

Monty schäumte nun vor Wut und schlug mit der flachen Hand so heftig gegen den Spiegel, dass sein um die Lenden gebundenes Handtuch auf den Boden fiel. Just in diesem Moment öffnete sich die Fahrstuhltür.

Monty hob das Handtuch vom Boden auf, band es sich um den Kopf und trat auf den Flur.

»Wir müssen den Schwarz kaltstellen!«, rief er. »Der Typ hat doch auf jeden Fall Dreck am Stecken!«

Tom hob den rechten Zeigefinger an seine Lippen und bedeutete Monty, leiser zu sprechen. Doch dieser fuhr unbeirrt fort: »Wir müssen herausfinden, was Schwarz in den letzten Jahren hier verbockt hat und dann damit seine Autorität untergraben.«

Tom war kein Freund dieser sogenannten Mikropolitik und zog es gewöhnlich vor, sich auf die Sache und nicht auf die Menschen zu konzentrieren.

»In diesem Fall wäre es jedoch von Vorteil, Monty frei laufen zu lassen«, dachte er bei sich. So verabredete er mit seinem haarigen Kompagnon, dass er sich einmal ein bisschen umhören sollte, während sich Tom der Weiterentwicklung der Digitalstrategie widmen konnte.

»Und zieh dir dafür bitte wieder deinen Anzug an«, rief er dem davonhüpfenden Affen hinterher.

***

»Wie läuft's im neuen Job? Wollen wir heute Abend telefonieren? Liebe Grüße, Mama!«

Tom wischte die Nachricht seiner Mutter auf dem Display des Smartphones zur Seite und machte sich gedanklich eine Notiz, dass er später antworten würde. Seit fast acht Stunden hatte er nun ohne Pause gearbeitet und dabei nicht das Gefühl gehabt, entscheidend voranzukommen.

Eine Message von Jana ploppte auf dem Bildschirm seines Laptops auf: »Die Betriebsratsvorsitzende bittet um einen Termin morgen früh. Sie sagt, sie habe Ihre ersten

Überlegungen zur Digitalstrategie gelesen und würde gerne mit Ihnen darüber sprechen.«

»Auch das noch!«, fluchte Tom. Zum einen fragte er sich, wie sie in den Besitz des Papiers gekommen war und zum anderen hatte er nun wirklich keine Zeit, jedes Detail mit jeder x-beliebigen Person hier durchzugehen. »Alles klar, sie soll morgen um 9 Uhr vorbeischauen«, schrieb er zurück.

Tom öffnete seinen Kalender. Bereits sieben Termine waren für den nächsten Tag eingetragen.

»Wie soll man hier zum Nachdenken kommen, wenn man von einem Meeting zum nächsten hetzt?«

Der mit zwei Pizzakartons unter dem Arm hereinstürmende Monty hatte die Antwort: »Wir müssen heute wieder eine Nachtschicht machen! Das hab ich so noch nicht erlebt. Der Schwarz hat wirklich rein gar nichts auf dem Kerbholz, nada! Außer, dass er eine Hohlbirne ist, aber das wussten wir ja schon vorher.«

Tom verstand nicht recht und schaute Monty fragend an.

»Na ja, was macht man, wenn einer nichts zu verbergen hat? Man denkt sich was aus!«

»Tut mir leid, aber dafür habe ich gerade nun wirklich keine Zeit. Ich komme hier gefühlt zu nichts und jetzt hängt mir auch noch die Betriebsratsvorsitzende am Hals!«

Monty blickte Tom vielsagend an. »Ich glaube, ich weiß, wie wir zwei Fliegen mit einer Klappe schlagen können.«

Er nahm ein labbriges Stück Thunfischpizza, rollte es zusammen und biss beherzt hinein. »Es geht doch nichts über eine ausgewogene Ernährung«, sagte er, »gestern Salami, heute Thunfisch, morgen Mozzarella.«

Tom schaute apathisch aus dem Fenster.

»War ein Witz, ne?«, rüttelte ihn der kleine Affe wach. »Ironie, verstehste? Du fragst dich doch immer, ob ich Ironie kann und jetzt hab ich's dir gerade gezeigt.«

Tom lächelte gequält. Er fühlte sich müde und blockiert. In seinem Kopf kreisten dutzende Gedanken wie kleine Goldfische in einem runden Glas. Sie wurden schneller und schneller und schwammen immer wieder an derselben Stelle vorbei, ohne dabei irgendeinem Ziel näherzukommen. Und er selbst war nicht wie sonst ein Angler, der sich gezielt einen besonders schönen Fisch herausholen konnte, sondern er trug das runde Glas auf seinem Kopf umher und nahm seine Umgebung durch den quirligen Goldfischschwarm hindurch nur sehr verschwommen wahr.

In diesem Zustand arbeitete er noch bis tief in die Nacht hinein, bis ihm – er konnte sich am nächsten Tag nicht daran erinnern, wann es passiert war – die Augen von allein zufielen und sich mit seinem nach vorne sinkenden Kopf auch der Inhalt des Goldfischglases auf die Schreibtischplatte entleerte.

***

»Guten Morgen Frau Martens, kommen Sie herein!«

Tom öffnete der Vorsitzenden des Betriebsrats höflich die Tür zu seinem Büro und bat Jana, ihnen einen frischen Kaffee zuzubereiten. Frau Martens strahlte mit all ihrer Lebenserfahrung eine Herzlichkeit und Weisheit aus, die unseren Protagonisten auf einer unbewussten Ebene sehr empfänglich für ihre Botschaft machten.

Sie blickte Tom intensiv in die Augen und schaute dann prüfend im Raum umher. Zu ihrer Erleichterung konnte sie nirgendwo diesen kleinen Affen, von dem einige sprachen, entdecken. Vielleicht war er nur ein Hirngespinst, um den eigentlich sehr freundlich wirkenden Herrn Neumann zu diskreditieren?

Hätte sie gewusst, dass dieser kleine Affe – fälschlicherweise von einem späteren Startzeitpunkt dieses Termins ausgehend – gerade Grimassen schneidend unter der Dusche stand, so wäre sie vermutlich mit einer anderen Einstellung in das Gespräch gegangen.

»Sie möchten mit mir über unsere Digitalstrategie sprechen?«, fragte Tom und bot Frau Martens an, auf dem schwarzen Ledersofa Platz zu nehmen.

»Ja, es gibt dort einige Punkte, die wir als Betriebsrat nicht mittragen können«, antwortete sie ganz ohne den von Tom erwarteten kämpferischen Unterton. Im Gegenteil klang ihre Stimme ruhig und gefestigt, was ihr eine natürliche Autorität verlieh und Tom Respekt einflößte.

»Sie müssen verstehen, dass es meine Aufgabe ist, mich für die Belange der Mitarbeiterinnen und Mitarbeiter in diesem Unternehmen einzusetzen. Mir ist klar, dass wir – und auch Sie persönlich – momentan unter großem Druck stehen und wir nicht so weitermachen können wie bisher. Aber haben Sie sich schon einmal gefragt, wie sich Ihre Pläne auf die Motivation des Personals auswirken werden?«

Tom musste sich eingestehen, dass er noch nicht im Detail über diese Frage nachgedacht hatte. Er beruhigte sein schlechtes Gewissen mit einer Analogie: Wenn man als Feuerwehrmann damit beschäftigt war, ein Feuer zu löschen, um die sich im Haus befindlichen Personen zu retten, fragte man sich schließlich auch nicht, wie sie sich dabei fühlten.

»Ich weiß, dass nicht jeder begeistert von meinen Plänen sein wird und das erwarte ich, ehrlich gesagt, auch nicht. Mir geht es darum, die *TTC* zukunftsfähig zu machen, sodass es auch in einigen Jahren hier noch Arbeit und einen Betriebsrat geben wird.«

Frau Martens entging diese kleine Spitze nicht, doch zog sie es vor, das Gespräch auf eine andere Ebene zu bringen.

»Herr Neumann, darf ich Ihnen einen Rat geben?«

Tom nickte vorsichtig.

»Gehen Sie einmal rüber in die Werkshalle und sprechen Sie mit den Mitarbeiterinnen und Mitarbeitern persönlich. Nehmen Sie sich die Zeit, um zuzuhören. Ich bin mir sicher, dass Sie danach anders über Ihre Pläne denken werden.«

»Ich werde schauen, was sich machen lässt. Sie können sich sicherlich vorstellen, dass mein Terminkalender momentan aus allen Nähten platzt«, antwortete Tom. In Verhandlungstrainings hatte er gelernt, seinem Gegenüber nicht allzu schnell Zugeständnisse zu machen und sich selbst Handlungsspielräume zu erarbeiten.

»Wie viel Zeit haben Sie für unser Gespräch angesetzt?«, fragte Frau Martens.

»Etwa 45 Minuten«, antwortete Tom, ohne zu ahnen, worauf sie hinauswollte.

»Dann schlage ich vor, dass wir unser Treffen jetzt beenden und ich Ihnen diese Zeit schenke, damit Sie unsere fleißige Crew kennenlernen können.«

Das war ein genialer Schachzug, den Tom so nicht antizipiert hatte. Es blieb ihm tatsächlich nichts anderes übrig, als dem Vorschlag von Frau Martens, die sich mit einem triumphierenden Lächeln verabschiedete, zuzustimmen.

Tom trat ans Fenster und betrachtete die graue Werkshalle. Natürlich hatte er sich an seinem ersten Tag als Berater bei der *TTC* dort umgeschaut und sich mit den Prozessen vertraut gemacht, die es zu optimieren galt. Er hatte nur den Kopf darüber schütteln können, wie ineffizient viele Dinge angegangen wurden. Es schien, als ob für die meisten Mitarbeiter die Zeit vor zehn Jahren stehen geblieben wäre, als ob Digitalisierung und Globalisierung in dieser beschleunigten Welt nicht existierten. Er bezweifelte, dass er bei diesen Menschen überhaupt Gehör finden könnte. Und noch mehr stellte er in Frage, dass es genau diese Mitarbeiter waren, mit denen man die Zukunft der *TTC* bestreiten konnte.

Gleichzeitig war Tom erfahren genug, um zu wissen, dass er ganz ohne die Zustimmung oder zumindest die Duldung des Betriebsrats keine Chance hatte, seine Punkte durchzusetzen. Er schaute auf die Uhr. Noch blieb ihm eine Stunde bis zu seinem nächsten Meeting und Monty schien sich immer noch unter der Dusche zu vergnügen. Es war also der perfekte Zeitpunkt, um diese ihm auferlegte Pflicht zu erfüllen, ohne dafür einen Spruch vom Affen zu kassieren.

Als Tom mit gelockerter Krawatte die Werkshalle betrat, schlug ihm ein ohrenbetäubender Lärm entgegen. Er wunderte sich nicht, dass fast alle hier diese hässlichen orangefarbenen Kopfhörer trugen. Am liebsten hätte er sich die Ohren zugehalten, doch wollte er nicht bei seinem ersten Besuch als CDO das Klischee des anzugtragenden Weichlings bestätigen.

Ein wenig orientierungslos wanderte er umher und fühlte sich von den meisten gar nicht wahrgenommen. Woher sollten sie auch wissen, wer er war? Bei den Personen, die anscheinend etwas zu sagen hatten, stellte er sich vor. In Small Talk war er schon immer mehr als passabel gewesen und so konnte er sein eigenes Unwohlsein sehr gut überspielen. Hier und da ließ er sich erklären, wie eine Maschine funktionierte und wo die Probleme lagen. Wie erwartet kamen dabei kaum konstruktive Lösungsvorschläge, sondern man nutzte das kurze Gespräch eher als Ventil, um irgendwelche Missstände aufzuzeigen. Man beklagte sich über die Überstunden, die momentan anfielen.

Tom musste sich mehrere Male auf die Zunge beißen, um nicht zu betonen, dass er bereits in den ersten drei Tagen mehr Überstunden gemacht hatte, als einige Mitarbeiter im gesamten letzten Monat. Es war diese klassische Haltung: Dienst nach Vorschrift.

Entgegen der Prophezeiung der Betriebsratsvorsitzenden ließen ihn die Begegnungen nicht anders über seine eigenen Pläne nachdenken. Vielmehr bestärkten sie ihn in der Auffassung, dass mit einem Großteil der Belegschaft kein Blumentopf zu gewinnen war.

Obwohl er den inneren Drang verspürte zu gehen, zwang er sich, noch einmal innezuhalten und sich umzuschauen. Dabei fiel sein Blick auf eine von ihm bisher unbemerkte Ecke, in der eine Hängematte aufgespannt war. Neugierig trat er näher und erkannte eine kleine Gestalt, die es sich darin gemütlich gemacht hatte.

Es war der kleine Mönch. Wie hieß er nochmal? Ach ja, Ferdinand!

Nicht nur als Anhänger der Paralleluniversumstheorie darf man sich an dieser Stelle die legitime Frage stellen, welchen Verlauf wohl diese Erzählung genommen hätte, wenn statt des eingebildeten Affen der kleine Mönch unseren Protagonisten an seinen ersten Tagen in der *TTC* begleitet hätte? Wäre er dann vielleicht erfüllter, ausgeglichener und erfolgreicher gewesen?

Zum Glück gibt es im Leben fast immer eine zweite Chance. Eine Tür verschließt sich, doch eine andere öffnet sich. Jetzt ist es nur noch an uns, die Türklinke hinunterzudrücken und uns von dem neuen Raum verzaubern zu lassen. Interessanterweise entscheiden sich einige Menschen, diese zweite Chance, die uns die göttliche Fügung, das Schicksal oder der Zufall schenkt, nicht zu nutzen.

Tom gehörte zu ihnen.

Unbemerkt vom meditierenden Mönch schlich er sich aus der Halle und eilte über den Parkplatz zurück zu seinem nächsten Termin. Er hatte Frau Martens einen Gefallen getan und erwartete jetzt von ihr weniger Widerstand. Insofern hatte sich die investierte Zeit hoffentlich gelohnt.

Monty fing ihn gleich an der Drehtür im Eingangsbereich ab.

»Was hast du denn da drüben bei den Blaumännern gemacht? Und warum war ich nicht beim Gespräch mit der Trulla vom Betriebsrat dabei?«

Er gab Tom gar keine Zeit, die vorwurfsvoll formulierten Fragen zu beantworten, sondern zog ihn unsanft zur Seite.

»Also pass auf, ich habe mir einmal ein paar Gedanken über den Schwarz gemacht. Wusstest du übrigens, dass der was mit der Martens vom Betriebsrat hat?«

Tom staunte: »Bist du sicher?«

»Nein, aber ich scheine es so glaubwürdig zu erzählen, dass selbst du es mir abnimmst, obwohl ich dir gestern gesagt habe, dass ich mir etwas ausdenken würde! Wenn wir es hinkriegen, den beiden eine Affäre anzudichten, können wir deine beiden größten Gegenspieler mit einem Schlag eliminieren.«

»Ich glaube, da bin ich raus!«, antwortete Tom. »Aber wenn du dich darum kümmern möchtest, dann halte ich dich auch nicht auf«, fügte er augenzwinkernd nach einer kurzen Pause hinzu.

Den gesamten Tag hetzte Tom von Termin zu Termin. Bei einigen Meetings war der kleine Affe dabei und plusterte sich teilweise mächtig auf, während er bei weniger bedeutsamen Gesprächen die Zeit nutzte, um seinen teuflischen Plan weiterzuverfolgen.

Tom blieb kaum eine Minute, um seine Begegnungen zu reflektieren. Die Anzahl der Punkte auf seiner To-Do-Liste wuchs von Stunde zu Stunde an. Am Ende zählte er 34 neue Items, die ihn auch heute wieder bis in die späten Abendstunden beschäftigen würden.

Auf der Toilette sitzend, schrieb er eine kurze Nachricht an seinen besten Freund Mark, in der er ihm zum

Geburtstag gratulierte und gleichzeitig das geplante Treffen absagte.

»Hier brennt leider die Hütte. Aber das holen wir nach. Zwinkersmiley.«

Mark schrieb sofort zurück: »Danke Tommie! Dito, hätte es selber auch nicht geschafft. Zwinkersmiley.«

Mittlerweile scheint es nicht einmal mehr eine generationelle Frage zu sein, ob der Sender einer Nachricht Smileys, Emojis und Emoticons verwendet. Im Zuge dieses noch vor wenigen Jahren als Kennzeichen alberner Teenager-Kommunikation abgetanen Trends besteht nun für den Sender einer Nachricht fast ein unausgesprochener Zwang, sich dieser bunten Bildsprache zu bedienen, wenn er den Empfänger befähigen möchte, die intendierte Botschaft in seinem Sinne zu entschlüsseln.

Als nicht unbeteiligter Beobachter dieser Entwicklung fragt man sich jedoch manchmal, wohin das alles nur führen soll. Welche Steigerungsmöglichkeiten gibt es noch in Zeiten dieser hyperinflationären Verwendung von gelben Lachgesichtern? Muss man vielleicht eine künstliche Verknappung herbeiführen, indem man die Anzahl der zu verwendenden Smiley-Zeichen pro Nutzer pro Monat reduziert oder ihren Gebrauch kostenpflichtig macht, sodass die preissensiblen Sender von Nachrichten sparsamer mit ihnen umgehen?

Tom tippte mit seinem Daumen auf die angezeigten zwölf Anrufe in Abwesenheit und überflog den Großteil der anderen privaten Nachrichten auf seinem Smartphone, ohne die Muße zu finden, eine Antwort zu verfassen. Auch die Frage seiner Mutter: »Hallo mein lieber Sohn, hast du meine Nachricht gelesen? Ist alles gut? Melde dich doch mal! Denke an dich.« ließ er mit schlechtem Gewissen für einen weiteren Tag unbeantwortet.

***

Tom öffnete die Tür seines Wagens, warf seine Laptoptasche auf den Beifahrersitz und schaute in den Rückspiegel. Er sah einen Mann, der innerhalb einer Woche um Jahre gealtert zu sein schien.

»Du siehst echt scheiße aus! Geh mal nach Hause, rasier dich und komm morgen früh wieder!«, hatte ihm Monty einfühlsam zugerufen, als Tom die finale Version der Digitalstrategie bei Dr. Berger abgegeben hatte.

Zwar fühlte er sich erleichtert, dass er es geschafft hatte, den Job in so kurzer Zeit zu erledigen und ein aus seiner Sicht passables Papier zu verfassen. Gleichzeitig spürte er schon jetzt eine schwere Last auf seinen Schultern, weil er auf einmal die Mitverantwortung für den Quartalsbericht trug, dessen mediale Rezeption wiederum maßgeblich den aktuellen Börsenwert des Unternehmens beeinflussen würde. In seiner Zeit als Berater hatte er andauernd unter großem Druck Deadlines einhalten und vergleichbare Konzepte für die Vorstände weltweit agierender Konzerne erarbeiten müssen. Doch hatte er nie *am Ende des Tages* – wie es heutzutage so schön durch die Besprechungsräume der Welt hallt – die Verantwortung tragen und seinen Kopf hinhalten müssen. Tom hatte nicht erwartet, dass ihn dieses höhere Maß an Verantwortung, welches mit seiner neuen Rolle einherging, so stressen würde.

Er setzte aus der Parklücke zurück, betätigte den elektrischen Fensterheber und sog die frische Luft ein. Gerade wollte er die Musik voll aufdrehen, als vor ihm plötzlich der kleine Mönch auftauchte und ihm freudig zuwinkte.

»Jetzt drück mal richtig auf das Gaspedal und hup ihn weg!«, hätte Monty wohl gesagt, wenn er auf dem Beifahrersitz gesessen hätte. Er hatte es jedoch vorgezogen, Dr. Berger zur Regatta zu begleiten, »um ein paar Connections zu knüpfen.«

»Hallo Tom, wie geht es Ihnen?«, fragte Ferdinand freundlich durch das offene Fenster.

»Bestens«, antwortete Tom im Autopiloten.

»Sie sehen ein wenig müde aus«, bemerkte der kleine Mönch. »Würde es Ihnen etwas ausmachen, mich ein Stück des Weges mitzunehmen?«

Tom war eigentlich nicht besonders scharf darauf, Konversation zu betreiben.

»Ja gerne, steigen Sie ein«, entfuhr es ihm dennoch aus reiner Höflichkeit.

»Waren Sie die gesamte Zeit über in der Werkshalle?«, fragte er Ferdinand ungläubig.

»Ja, es hat sich so ergeben. Es ist eine schwierige Zeit für viele Menschen hier und deshalb brauchten sie jemanden, der ihnen zuhört.«

Tom fragte sich, wie man im Schneidersitz in einer Hängematte meditierend den Menschen zuhören konnte. Außerdem sollten sie ja arbeiten und kein Kaffeekränzchen abhalten. Er biss sich auf die Lippe und verkniff sich einen Kommentar.

»Mascha hat mir erzählt, dass Sie auch einmal kurz vorbeigeschaut haben«, sagte Ferdinand. Seine Stimme klang dabei nicht vorwurfsvoll, sondern eher neugierig.

»Das stimmt, mir war es sehr wichtig, die Mitarbeiter kennenzulernen«, verbog Tom die Wahrheit.

»Das finde ich toll! Wenn Sie möchten, erzähle ich Ihnen ein bisschen mehr von den beeindruckenden Persönlichkeiten, die hier arbeiten. Über wen möchten Sie gerne mehr erfahren?«

Tom konnte sich beim besten Willen an keinen einzigen Namen erinnern und so sagte er schließlich: »Sie können ja mit Mascha beginnen.«

Ferdinand nickte zufrieden. Und dann erzählte er Tom von Mascha, die sich aus Angst, ihren Job zu verlieren, als alleinerziehende Mutter von drei Kindern gerade mit einem grippalen Infekt zur Arbeit schleppte. Von Björn, der an seinen freien Abenden an einer Erfindung bastelte und davon träumte, als Unternehmer andere Menschen mit seinem Produkt glücklich zu machen. Von Roman, dessen Sohn an Leukämie erkrankt war und der wegen seiner vermeintlich mangelhaften Arbeitsmoral schon mehrere Male abgemahnt worden war. Von Anna, die jeden Tag nach der Arbeit ihre kranke Mutter pflegte. Von Melanie, die sich an den Wochenenden in einem Verein für Geflüchtete engagierte. Von Milan, der durch die langjährige Tätigkeit in der Werkshalle einen Tinnitus und mehrere Bandscheibenvorfälle erlitten hatte und nun nicht mehr so belastbar war wie früher. Von Jan, der gerne regelmäßig zu tief ins Glas schaute. Von Richard, der einmal ein sehr neugieriger und lernbegeisterter Typ gewesen war, dem aber durch die monotone Arbeit an den Maschinen die Lust am Lernen vergangen war. Von Altin, dessen Tochter als Jahrgangsbeste ihrer Schule gerade die Zusage einer britischen Elite-Universität erhalten hatte. Von Lars, der ein Arschloch war, weil er die anderen mobbte und schon einige Mitarbeiterinnen sexuell belästigt hatte. Und von Kerstin, deren Mann sich gerade von ihr getrennt hatte und die trotzdem jeden Tag gute Laune bei der Arbeit verbreitete.

Tom musste mehrere Male schlucken. Er mochte es eigentlich nicht, wenn Politiker in Reden und Talkshows von tragischen Einzelschicksalen berichteten und ihre Forderungen auf diesen pathetisch vorgetragenen Geschichten beruhten. Das hatte nichts mit einer rationalen und analytischen Beurteilung der Gesamtsituation zu tun. Außerdem entsprach es Toms politischer Überzeugung, dass jeder Mensch zu einem großen Teil für sich und sein Schicksal verantwortlich war. Ihm selbst war ja auch nicht alles in die Wiege gelegt worden. Er hatte sehr hart gearbeitet, um dort zu sein, wo er jetzt war. Er kannte viele Personen, die mit wesentlich günstigeren Voraussetzungen gestartet waren und es zu weniger als er gebracht hatten.

Doch Ferdinands Einblick in die Lebenswelten der Mitarbeiter der *TTC* hinterließ zumindest einen ersten kleinen Riss auf der Schutzfolie dieses seit langer Zeit bestehenden Glaubenssatzes. Die Leserinnen und Leser, die mit dem Konzept der *kognitiven Dissonanz* vertraut sind, werden ohne weitere Ausführungen verstehen, dass eine innere Stimme in Toms Kopf nun fieberhaft versuchte, diesen kleinen Riss mithilfe kreativer Erklärungsversuche zu kitten: »Hätten sie sich in der Schule mehr angestrengt, dann hätten sie jetzt auch einen besser bezahlten Job. Das soziale Sicherungssystem in unserem Land gehört zu den solidarischsten Systemen in der gesamten Welt, da muss sich niemand beklagen. Für das Scheitern einer Ehe sind immer zwei Menschen verantwortlich.«

»Sie können mich hier am Stadtpark absetzen«, unterbrach Ferdinand Toms Gedanken.

»Was halten Sie davon, wenn wir uns in der kommenden Woche in einer Mittagspause treffen«, schlug Tom vor.

»Das halte ich für eine sehr gute Idee. Schon allein deswegen, weil Sie dann wenigstens mal eine Mittagspause machen«, entgegnete Ferdinand lachend. »Und wenn Sie möchten, können wir uns auch duzen.«

»Gerne. Wie kann ich dich erreichen? Hast du eine Karte oder so etwas?«, fragte Tom.

»Du wirst es schon herausfinden. Eigentlich bin ich immer erreichbar«, sagte Ferdinand, verbeugte sich und zog von dannen.

Verwirrt richtete Tom seinen Blick wieder auf die Straße, betätigte verhalten das Gaspedal und legte die verbleibenden Kilometer bis zu seiner Wohnung in einer durchschnittlichen Geschwindigkeit zurück. Zuhause angekommen, streifte er seinen Anzug ab, um sich für eine Stunde ins Bett zu legen.

Zwölf Stunden später wachte er wieder auf. In seinen Träumen hatte er als Zoowärter einen Affenkäfig gekehrt, auf der chinesischen Mauer sitzend mit einem kahlköpfigen Mönch meditiert und in einer Fabrikhalle aus dem Industriezeitalter als einziger Mensch neben futuristisch anmutenden Robotern an einem Webstuhl gesessen.

»Möchten Sie erst die schlechte oder gleich die sehr schlechte Nachricht hören?«, fragte Jana, als Tom zur Mittagszeit sein Büro betrat.

»Wieso starten wir nicht mit der schlechten Nachricht?«, schlug er vor.

»Also, wenn ich das Papier, das Sie entwickelt haben, mit dem vergleiche, was letztendlich im Quartalsbericht gelandet ist, so ergibt sich eine erstaunlich geringe Schnittmenge. Im Klartext: Viele Passagen, die in irgendeiner Form innovativ waren, wurden herausgekürzt.«

Zu Janas Verwunderung blieb Tom noch erstaunlich gelassen.

»Damit habe ich fast gerechnet«, sagte er. »Die sehr schlechte Nachricht ist dann vermutlich eine logische Konsequenz der schlechten Nachricht?«

»Ja, das Presseecho ist leider durchweg negativ. Ich habe Ihnen hier einmal die wichtigsten Stimmen zusammengestellt«, sagte Jana und reichte ihm das Dokument.

Stirnrunzelnd überflog Tom die vernichtende Kritik und spürte, wie mit jedem weiteren Zitat sein Puls in die Höhe schoss, sich seine Hände zu Fäusten formten und sein Kopf fast vor Wut zu platzen drohte.

»Was soll der Scheiß, Jana?«, schrie er sie schließlich an und zerknüllte das Papier.

Jana trat erschrocken einen Schritt zurück. Die emotionale Reaktion ihres Chefs erinnerte sie ans vorletzte

Jahrtausend, in dem man den nicht ganz nachvollziehbaren Brauch kultiviert hatte, den Überbringer einer schlechten Botschaft zu köpfen, um sich ein schnell zu öffnendes Ventil für seinen Ärger zu suchen. Als Führungskraft im 21. Jahrhundert sollte man jedoch ein Mindestmaß an Selbstregulationsfähigkeit entwickelt haben, um mit solchen Situationen angemessen umzugehen.

»Wie wäre es, wenn Sie Ihren Ärger an der dafür verantwortlichen Person auslassen«, sagte Jana mutig.

»Sie haben Recht«, pflichtete Tom ihr bei, ohne sich bei ihr für seinen Ausbruch zu entschuldigen.

Schäumend stürmte er aus dem Zimmer und sprintete die ersten Stufen der Treppe hinauf, die zur Etage seiner Vorstandskollegen Schwarz und Berger führte. Doch dabei blieb er mit der Fußspitze an einer wie für diesen Augenblick gemachten Unebenheit auf der fünften Stufe hängen und schlug mit beiden Knien heftig gegen eine schneidende Kante. Mit schmerzverzerrtem Gesicht richtete er sich langsam auf, besann sich und humpelte die Treppe schließlich hinunter statt hinauf.

Über eine großzügige Terrasse trat er zum ersten Mal in den sonnendurchfluteten grünen Park hinter dem Gebäude und sog mit einem tiefen Atemzug die frische Luft ein. Wie erhofft erspähte er von Weitem den kleinen Mönch, der mit seinen kurzen Armen und Beinen auf erstaunlich elegante Weise Kreise in die Luft malte. Es musste sich dabei um eine fernöstliche Bewegungslehre wie Yoga, Tai Chi oder Zen-Karate handeln. Als Tom näher kam, drehte sich Ferdinand mit geschlossenen Augen zu ihm und verneigte sich.

»Unagi«, sagte er.

»Unagi«, erwiderte Tom in der Annahme, dass es sich hier um eine höfliche Begrüßungsfloskel aus dem asiatischen Raum handelte.

»Unagi bedeutet, dass wir präsent sind und alles um uns herum wahrnehmen«, klärte ihn der kleine Mönch fälschlicherweise auf und öffnete seine Augen. »Möchtest du kämpfen?«

Tom blickte ihn erstaunt an.

»Ich spüre, dass du eine Wut in dir trägst, die ein Ventil sucht.«

Ferdinand warf Tom einen Stock zu. »Hier, greif mich damit an!«

Tom nahm den Stock, der wie ein Baseballschläger geformt war, vom Boden auf und lief mit schmerzenden Knien auf Ferdinand zu. Dabei ersetzte er in seinen Gedanken dessen freundlich grinsendes Gesicht mit dem Konterfei von Christian Schwarz, den er für den Strippenzieher hinter der gekürzten Digitalstrategie hielt.

Mit einem einzigen beherzten Schlag auf den Rücken streckte er Ferdinand nieder, ohne dass dieser irgendeine Form der Gegenwehr zeigen oder ein geschicktes Ausweichmanöver vollführen konnte.

»Oh nein, das tut mir leid!«, sagte Tom betroffen und klopfte dem am Boden liegenden Mönch auf die Schulter. »Ich dachte, du könntest dich wehren!«

»Ja«, stöhnte Ferdinand und schnappte nach Luft, »das dachte ich auch. Aber offensichtlich bin ich noch nicht so weit. Bisher habe ich immer ohne Gegner trainiert.« Und sich mühsam aufrichtend fragte er: »Wieso bist du so wütend?«

Tom sann über die Frage nach, während er sein Kinn massierte.

»Ich glaube, es liegt tatsächlich daran, dass ich noch nie in meinem ganzen Leben so viel negatives Feedback für meine Arbeit erhalten habe. Bisher lief es immer sehr rund für mich und jetzt muss ich gerade von allen Seiten richtig einstecken.«

»Soll ich dir zeigen, wie du mit der Situation gelassener umgehen kannst?«

»Ja, das klingt gut.«

»Dann ziehe bitte deine Schuhe aus!«

»Wie bitte?«

»Die Top-Manager im Silicon Valley machen das auch.«

»Na gut.«

Tom zog an den Schnürsenkeln seiner gut geputzten schwarzen Lederschuhe und stopfte die Cashmere-Socken hinein.

»Wir machen jetzt eine kleine Geh-Meditation. Schließ bitte deine Augen und setze einen Fuß vor den anderen, ganz langsam! Konzentriere dich dabei nur darauf, den Boden unter dir zu spüren und wie er sich bei jedem Schritt verändert. Wie fühlt sich das an?«

Obwohl sein urteilender Verstand ihm davon abriet, folgte Tom den Anweisungen des kleinen Mönchs. Erstaunt bemerkte er nach einer Weile, wie das Gedankenkarussell in seinem Kopf aufhörte sich zu drehen und er das Gefühl hatte, nicht nur im metaphorischen Sinne wieder festen Boden unter den Füßen zu spüren.

»Ich weiß nicht, wann ich das letzte Mal so langsam gegangen bin«, stellte er fest. »Wo gehen wir eigentlich hin?«

»Der Weg ist das Ziel«, antwortete Ferdinand wie ein orakelnder Kaugummiautomat.

»Bleib bitte hier stehen, atme tief ein und verwurzele dich wie ein Baum in der Erde! Es gibt nichts für dich zu tun außer zu atmen und die Verbindung zum Boden zu spüren. Es gibt nichts zu tun. Es gibt nichts zu tun«, wiederholte er noch mehrere Male.

Tom fühlte, wie sich sein Pulsschlag verlangsamte und wie gut es ihm tat, sich zu zentrieren.

»Es ist doch so«, fuhr Ferdinand fort: »wenn wir es nicht schaffen, uns zu erden, dann werden wir zu Getriebenen, die vielleicht ihr Ziel kennen, jedoch nicht wissen, wo sie gerade stehen. Und diejenigen, die nicht wissen, wo sie sich gerade befinden, sind genauso verloren wie die, die ohne Ziel umherirren.«

»Klingt plausibel«, bemerkte Tom. »Allerdings ist dein Bild ein bisschen schief, weil ein Baum ja nirgendwo hinwill.«

»Na ja, ein Baum möchte schon wohin.«

»Aha«, murmelte Tom herausfordernd.

»Ja, er möchte nämlich . . . zur Sonne! Die Menschen wollen immer schneller und weiter laufen als die Masse ihrer sprintenden Weggefährten. Doch ein Baum erdet sich und wächst in den Himmel. Er ist glücklich, weil er genau dort sein möchte, wo er steht und nicht den Drang verspürt, immer woanders sein zu wollen.«

In diesem Augenblick vibrierte Toms Handy. Obwohl er sich gerade in einem meditativen Zustand befand, schaffte er es nicht, dem Impuls zu widerstehen, auf das Display zu schauen. Es war Monty.

»Du kannst ihn gleich zurückrufen«, sagte Ferdinand. »Für heute sind wir sowieso schon fertig. Wir wollen ja auch nicht, dass du zu tiefenentspannt zur Arbeit zurückkehrst.«

Tom drückte Montys Anruf weg und bedankte sich bei dem kleinen Mönch für seine Zeit. »Und entschuldige bitte, dass ich dich so hart mit dem Stock geschlagen habe!«

Obwohl er nur zehn Minuten mit Ferdinand im Park verbracht hatte, fühlte sich Tom wie ausgewechselt. Pfeifend trat er ins Vorzimmer seines Büros und begrüßte Jana herzlich.

»Entschuldigen Sie bitte vielmals, dass ich Sie vorhin so angepflaumt habe! Sie sind wirklich die letzte Person, die etwas dafür kann. Sie leisten hervorragende Arbeit und sind hier wirklich eine große Stütze für mich!«

Jana schaute ihren Chef verwundert an und errötete leicht.

»Danke«, sagte sie. »Die kleine Auszeit scheint Ihnen sehr gut getan zu haben! Sie sehen irgendwie entspannt aus. Was halten Sie davon, wenn ich diese Pause ab jetzt fest in Ihrem Terminkalender verankere?«

»Das ist eine sehr gute Idee, Jana!«

Man muss keine Dissertation in Motivationspsychologie verfasst haben, um sich mit gesundem Menschenverstand die Vorzüge eines achtsamen Umgangs miteinander erschließen zu können. Das Problem heutzutage scheint nur zu sein, dass wir den gesunden Menschenverstand viel zu selten einsetzen. Am Beispiel unseres Protagonisten und seiner Assistentin wird deutlich, wie motivierend ein kleines Kompliment am Arbeitsplatz sein kann. In ihrem Fall wirkte es als Energieimpuls für einen ganzen Tag und ließ Jana an diesem Abend zufrieden und beschwingt nach Hause gehen. Und das Beste – zumindest aus Arbeitgebersicht – war, dass es, bis auf den zu vernachlässigenden Zeitaufwand, komplett kostenlos war.

»Was geht ab, Dalai Bruce?«, schallte es Tom entgegen, als er wieder sein Büro betrat.

Fragend schaute er Monty an.

»Alter, weißt du wie lächerlich eure Aktion im Garten ausgesehen hat? Ich habe mich hier oben echt bepisst vor Lachen. Wenn das noch irgendjemand anders außer mir gesehen hat, dann kannst du dich auf jeden Fall auf einen kleinen Shitstorm der Häme gefasst machen.«

Tom merkte, wie ihm das Blut in den Kopf schoss und er mit einem einzigen Kommentar wieder seine Bodenhaftung verlor.

»Und warum hast du mich eigentlich weggedrückt? Ich wollte dir erzählen, was ich mittlerweile erreicht habe. Aber du ziehst es wohl auf einmal vor, dich von diesem kleinen Iman indoktrinieren zu lassen.«

»Er ist ein Mönch!«, entgegnete Tom.

»Whatever, hat doch beides mit Religion zu tun. Und da wir ja zum Glück in einer säkularen Gesellschaft leben, würde ich dir dringend empfehlen, das nicht mit deinem Job hier zu vermischen. Sonst bist du nämlich ganz schnell weg vom Fenster.«

Tom ließ sich zum wiederholten Male von Monty die Butter vom Brot nehmen.

»Also, mein Freund, willst du jetzt wissen, was ich gemacht habe, während du dich in Klein-Tibet aufgehalten hast?«

»Ja, jetzt sag schon!«, antwortete Tom unwirsch.

»Ich habe mich mal in ein paar Vorzimmern hier im Vorstandsgebäude getummelt und dabei mit den hübschen Assistentinnen angebandelt. Die Veronika vom

Berger ist übrigens ne richtig scharfe Nummer, wusstest du das?«

»Willst du nicht zum Punkt kommen?«, fuhr ihn Tom genervt an.

»Entspann dich, Mann, ich dachte, du hast gerade meditiert. Also, mein Freund, ich habe nicht nur geflirtet. Ich habe auch der einen oder anderen Schnattermaus gesteckt, dass unsere Betriebsratsvorsitzende Martens was mit unserem Herrn der Zahlen, dem Schwarz, hat. Die Nachricht verbreitet sich gerade wie ein Lauffeuer in den Vorzimmern und es ist weit und breit kein Feuerlöscher in Sicht.«

»Der Einzige, der das Feuer löschen kann, bin ich selbst«, sagte Tom nachdenklich.

»Hast du dir mit dem kleinen Glatzkopf da draußen jetzt dein Kurz- und Langzeitgedächtnis weggeatmet, oder was? Erinnerst du dich noch ganz grob daran, wer unsere Digitalstrategie hier so blockiert und verhackstückt hat, dass du jetzt als der Depp der Nation dastehst?«

***

Tom hatte sich fest vorgenommen, an diesem Abend nach Hause zu fahren und im eigenen Bett zu schlafen. Doch angesichts der sich zuspitzenden Lage blieb ihm gar keine andere Wahl als erneut die Nacht im Büro zu verbringen. Es ging nun darum, den Kopf aus der Schlinge zu ziehen und neben der *TTC* vor allem die eigene Reputation zu retten. Innerhalb von einem Tag hatte sich der

Marktwert des Tom Neumann – dem aufstrebenden Star am Managerhimmel – drastisch verringert. Gab man jetzt seinen Namen in einer Internetsuchmaschine ein, bekam man zunächst die aktuellen negativen Schlagzeilen zu lesen. Für den Aufbau seiner persönlichen Marke war das ein Desaster! Es würde ihn viel Zeit und Energie kosten, diese Treffer auf die hintersten Plätze der Suchergebnisse zu verbannen, die niemanden mehr interessierten.

Das Dilemma, in dem er sich befand, bestand natürlich darin, dass er den Ruf der *TTC* beschädigen musste, wenn er sein eigenes Image aufpolieren wollte. Und das könnte wiederum als illoyales Verhalten und Führungsschwäche ausgelegt werden. Aus diesem Grund verbrachte er die halbe Nacht damit, E-Mails an die Redaktionen der Wirtschaftsressorts der tonangebenden Tageszeitungen zu schreiben, in denen er in der Hoffnung auf eine gnädigere Berichterstattung zwischen den Zeilen seine persönliche Botschaft transportierte.

***

Jana steckte ihren Kopf durch die halboffene Tür. »Ich wollte Sie an Ihre kreative Pause erinnern!«, sagte sie und wartete auf Toms Reaktion.

Monty schaute ihn vorwurfsvoll von der Seite an und tippte demonstrativ auf das vor ihnen stehende vollgeschmierte Whiteboard, auf dem sie die Strategie für die bevorstehende Vorstandssitzung skizziert hatten.

»Das hat Ihnen gestern doch so gutgetan!«, versuchte ihn Jana zu überreden.

Tom gähnte vor Müdigkeit. »Sie haben Recht, Jana. Eine kurze Pause vor der langen Sitzung wird mir besser tun, als hier bis zur letzten Minute durchzupowern.«

Monty verstand die Welt nicht mehr.

»Wenn du das jetzt durchziehst, dann kannst du gleich nicht damit rechnen, dass ich dir wieder deinen Arsch rette!«

Tom fühlte sich hin- und hergerissen. Schließlich stand er auf, warf sich sein Jacket über und zog wortlos die Tür hinter sich zu. Monty schleuderte ihm eine braungefleckte Bananenschale hinterher, die für ein paar Sekunden an der Tür haften blieb und dann auf den Boden fiel.

Ferdinand erwartete Tom bereits auf der Terrasse. Als er sah, wie gestresst unsere Hauptfigur war, griff er in seine Kutte und holte eine Schachtel Zigaretten hervor.

»Möchtest du auch eine?«, fragte er.

Tom glaubte seinen Augen nicht.

»Du rauchst?«

»Ja, eine meiner besten Angewohnheiten«, antwortete Ferdinand vergnügt.

Er reichte seinem verblüfften Gesprächspartner eine Zigarette und steckte sich anschließend selbst eine in den Mund.

»Es handelt sich allerdings nicht um die gewöhnliche gesundheitsschädigende Variante«, klärte er auf, »sondern um eine Luftzigarette.«

Erst jetzt stellte Tom fest, dass sich in der Zigarettenhülse zu seiner Enttäuschung kein Tabak befand.

»Ist ein bisschen sinnlos, oder?«, forderte er den kleinen Mönch heraus.

»Probier es mal aus! Es funktioniert aber nur, wenn du richtig auf Lunge atmest.«

Tom ließ sich auf das offensichtlich alberne Experiment ein und nahm einen tiefen Zug. Erstaunlicherweise verspürte er denselben beruhigenden Effekt, den ein Zug an einer echten Zigarette auf ihn gehabt hätte.

»Wie geht das?«, fragte er nach einer Weile.

»Die meisten Menschen glauben, dass die entspannende Wirkung des Rauchens auf den in unseren Blutkreislauf gelangenden Inhaltsstoffen der Zigarette beruht. In Wirklichkeit ist sie vielmehr auf das gleichmäßige und tiefe Atmen zurückzuführen.«

»Ich sollte jeden Tag eine ganze Schachtel davon rauchen«, scherzte Tom.

»Ja, ich rauche auch viel zu wenig«, pflichtete ihm Ferdinand augenzwinkernd bei.

»Gleich muss ich in die Vorstandssitzung«, stöhnte Tom. »Das wird richtig Zoff geben!«

»Möchtest du einen Tipp haben?«, fragte der kleine Mönch zurückhaltend.

»Klar, schieß los!«

»Nimm niemandem seinen Widerstand. Er braucht ihn!«

»Das checke ich nicht!«

»Betrachten wir einmal unsere gestrige Begegnung. Hättest du dich auf die Geh-Meditation eingelassen, wenn du mir nicht vorher mit dem Stock einen übergebraten hättest?«

»Wahrscheinlich nicht«, gestand Tom. »Hast du dich etwa nur von mir schlagen lassen, weil du mich weich machen wolltest?«

Dem kleinen Mönch gefiel diese neue Interpretation des verlorenen Kampfes sehr und so nickte er vielsagend.

»Soll ich mich jetzt gleich in der Sitzung verprügeln lassen, oder was?«

»Nein, du bist ja kein Mönch wie ich. Zumindest noch nicht. Du lässt den Widerstand einfach ins Leere laufen.«

»Ich verstehe es immer noch nicht.«

Ferdinand streckte Tom seine linke Handfläche entgegen.

»Begib dich einmal auf Augenhöhe mit mir, nimm deine rechte Hand und drücke mit zunehmender Kraft gegen meine Handfläche.«

Nach kurzer Zeit zitterten beiden die Arme.

»Merkst du, was passiert? Wenn wir uns so konfrontieren, blockieren wir uns gegenseitig und kommen keinen Zentimeter weiter.«

Auf einmal setzte Ferdinand seinen linken Fuß nach hinten und ließ Tom unkontrolliert nach vorne stolpern.

»Und wer von uns beiden steht nun dumm da?«, fragte er ein wenig zu triumphierend für Toms Geschmack.

»Ok, ich glaub, ich habe es geschnallt.«

»Darauf müssen wir noch eine rauchen!«, sagte Ferdinand und reichte ihm die letzte Zigarette aus der Packung.

Tom schaute auf seine teure Armbanduhr und nickte. Noch blieben ihm fünf Minuten bis zur Sitzung.

***

»Gute Arbeit, Tom!«, raunte Christian Schwarz in den Raum, als Tom sich neben ihn setzte. Auf beängstigend engstirnige Weise fühlte Schwarz sich in seiner skeptischen Haltung gegenüber der neu geschaffenen Position des CDO bestätigt.

Ferdinands Ratschlag folgend, ließ Tom diese verbale Speerspitze einfach an sich vorbeifliegen und bedankte sich bei seinem Widersacher höflich für das vermeintliche Kompliment.

»Meine Herren«, begann Dr. Berger, »dies ist eine Krisensitzung. Wie Sie alle mitbekommen haben, haben unser Quartalsbericht und die Veröffentlichung unserer neuen Digitalstrategie nicht den gewünschten Effekt erzielt. Unsere Anleger konnten wir nicht beruhigen, unsere Mitarbeiter stehen kurz davor, eine Meuterei anzuzetteln und die Medien rupfen uns den Bericht auseinander wie ausgehungerte Möwen, die seit Tagen nichts zu futtern bekommen haben.«

»Und scheißen uns dann noch auf das sinkende Schiff«, blökte Christian Schwarz hinein.

»Genau,« sagte Dr. Berger zustimmend, anstatt seinen CFO für diesen unangemessenen Kommentar zu rügen.

Die Stimmung im Raum war so düster wie noch nie zuvor. Selbst der sonst so gelassen wirkende Dr. Berger schien sehr nervös zu sein. Tom dämmerte es, dass man einen Sündenbock suchte.

»Wir haben natürlich sehr viel mehr erwartet!«, übernahm wieder Schwarz das Wort und richtete seinen Blick auf Tom. »Anscheinend hatte man sich eine sehr viel innovativere Digitalstrategie erhofft.«

Tom dachte krampfhaft an den Rat des kleinen Mönchs und schwieg. Er setzte darauf, dass sich Schwarz mit dieser plumpen Attacke selbst diskreditieren würde. Schließlich musste es den anderen Vorstandsmitgliedern sonnenklar sein, dass es der CFO selbst gewesen war, der alle innovativen Passagen aus dem Dokument herausgekürzt hatte.

Zum Glück lenkte Dr. Berger relativ zügig den Blick der Anwesenden in die Zukunft und machte dabei sehr deutlich, dass er höchstpersönlich gedachte, den Kurs anzugeben.

»Tom, haben Sie noch eine Minute?«, fragte er, als alle To-Dos verteilt waren und er die Sitzung geschlossen hatte.

Christian Schwarz ließ es sich nicht nehmen, Tom im Vorbeigehen gönnerhaft auf die Schulter zu klopfen und ihm einen letzten kleinen Seitenhieb zu verpassen. Teuflisch grinsend flüsterte er: »Da hat wohl irgendein Affe aus Ihrem Team eine falsche Version der Strategie abgeliefert.«

Ohne die beiden in der Mittagspause inhalierten Luftzigaretten hätte Tom ihm wahrscheinlich eine linke Gerade verpasst.

Dr. Berger wartete, bis alle den Raum verlassen hatten. Schließlich wendete er sich Tom zu. »Sie können diese Attacken von Herrn Schwarz doch nicht einfach so im Raum stehen lassen! Wenn Sie darauf nicht reagieren, so könnte man das ja als Eingeständnis Ihres eigenen Versagens interpretieren.«

Endlich lüftete sich der meditative Schleier vor Toms Augen und er begriff, was hier gerade passiert war. Er hatte sich vor dem gesamten Vorstand vorführen und zum Sündenbock machen lassen.

Innerlich tobend versicherte er seinem Chef, die Dinge wieder in Ordnung zu bringen. Tom war sauer auf sich selbst, die Welt und vor allem auf die beiden kleinen Geschöpfe, die ihn in diese miese Lage gebracht hatten. Der Mönch war übrigens nicht viel besser als der Affe. Seine esoterische Empfehlung, alle Attacken ins Leere laufen zu lassen, hätte vielleicht in einer Gruppe angehender Zen-Buddhisten funktioniert. Doch in einem Raum voller Alpha-Tiere war es eine zum Scheitern verurteilte Taktik.

Tom hatte gerade das Besprechungszimmer verlassen, als sein Smartphone in seiner Hosentasche vibrierte. Eine Nachricht von Mark ploppte auf dem Display auf.

»Hey Tommie! Kiten. Jetzt!«

Er musste nicht eine Sekunde überlegen.

»Ja, bin dabei!«

»Nice!«

»Bringst du mir mein Zeug mit?«

»Yep, liegt schon im Kofferraum.«

»Mal sehen, wer als erstes da ist.«

»Mit deiner schlappen Karre wird das nix!«

»Haha.«

Zwinkersmiley.

Tom fühlte sich wie elektrisiert. Es war ein unglaublich befreiendes Gefühl, alles stehen und liegen zu lassen und abzuhauen. Er würde einfach mit Mark für ein paar Stunden aufs Wasser gehen, sich den Kopf freipusten lassen und danach wieder motiviert an den Schreibtisch zurückkehren.

Im Laufschritt stürmte er aus dem Gebäude zu seinem Auto.

»Tom!«, hörte er zwei ihm bekannte Stimmen unisono rufen.

Er drehte sich um und erblickte Monty und Ferdinand, die neben dem Haupteingang lässig an der Wand lehnten und rauchten. Natürlich handelte es sich in Montys Fall um eine konventionelle, gesundheitsgefährdende Zigarette, während Ferdinand seinen imaginären Rauch in die Luft blies.

»Seit wann gibt es euch denn im Doppelpack?«, fragte Tom ungläubig.

Da die Angesprochenen nicht auf seine Frage eingingen, können wir an dieser Stelle nur Vermutungen anstellen. Die naheliegende Erklärung ist, dass die beiden trotz ihrer für unüberbrückbar gehaltenen charakterlichen Unterschiede durch die verbindende Kraft des Rauchens zueinander gefunden hatten. So wie es in der Kultur einiger nordamerikanischer Indianerstämme nach Begraben des Tomahawks Brauch gewesen war, eine Friedenspfeife zu rauchen, so hatten anscheinend auch Monty und Ferdinand – zumindest für diesen kurzen Augenblick – eine gemeinsame Ebene gefunden.

»Wo willst du hin?«, fragte Monty mit vorwurfsvollem Unterton.

»Ich geh Kiten. Bin in ein paar Stunden wieder da.«

»Können wir mitkommen?«

»Nein, ich hab ehrlich gesagt gerade überhaupt keinen Bock auf euch!«

Verdutzt schauten sich Ferdinand und Monty an.

Mit quietschenden Reifen verließ Tom den Parkplatz, ohne sich nur ein einziges Mal umzuschauen. Er nahm die erste Auffahrt auf die Autobahn, drehte die Musik bis zum Anschlag auf und drückte das Gaspedal voll durch.

»Wollen wir doch mal schauen, wer als erstes da ist«, dachte er und ging auf die linke Spur. Der Tacho zeigte schnell 230 Kilometer pro Stunde an und so erreichte er mit geschwollener Brust in Rekordzeit den Parkplatz hinter der Düne am Strand. Er zog den Schlüssel aus dem Zündschloss und die dröhnende Musik verstummte.

Aus dem Kofferraum vernahm er ein unterdrücktes Kichern. Tom öffnete die Heckklappe und traute seinen Augen nicht. Ferdinand und Monty schauten ihn grinsend an.

»Das ist nicht euer Ernst!«

»Wir wollten doch auch mal eine Pause machen«, sagte Ferdinand.

»Du machst doch immer Pause und Monty sollte sich eigentlich darum kümmern, den ganzen Scheiß, den er mir eingebrockt hat, in Ordnung zu bringen.«

In diesem Moment bog Mark auf den Parkplatz ein.

»Du verrückter Hund«, rief er Tom anerkennend aus dem heruntergefahrenen Fenster zu und streckte seinen muskulösen Arm heraus, um mit seinem Freund einzuschlagen.

Es sollte uns an dieser fortgeschrittenen Stelle der Erzählung nicht mehr überraschen, dass neben Mark auf dem Beifahrersitz ein mittelgroßer Gorilla saß, der auf den Namen Ronald hörte.

Der Gorilla kletterte über die Rückbank in den Kofferraum und pellte sich in seinen Wetsuit. Dabei verfluchte er seine maskuline Körperbehaarung, die sich beim Überstreifen dieser aus Neopren bestehenden zweiten Haut als eher unvorteilhaft erwies.

Monty hätte dieses Problem gerne gehabt: »Na super. Der Gorilla hat nen Neo und ich soll mir den Arsch abfrieren, oder was?«, zischte er.

»Mach dir nichts draus«, beruhigte ihn Ferdinand. »Ich habe auch nichts dabei.«

Mark reichte Tom sein Material, das er nach der letzten gemeinsamen Session bei sich zuhause im Keller verstaut hatte. Über einen schmalen Pfad gingen sie über die Düne zum Strand. Das Meer war aufgewühlt, dunkle Wolken zogen über den Himmel und die Wellen rollten in kurzen Abständen in die Bucht hinein. Es befanden sich mehrere Locals im Wasser.

»Mit den Jungs können wir es ja wohl noch aufnehmen«, sagte Mark, während er sich seinen Kite anschnallte. Ronald sprang auf seinen Rücken und zeigte Monty grundlos den Mittelfinger.

»So ein Wichser!«, raunte der nonverbal Attackierte Tom zu. »Komm, nimm mich auch Huckepack!«

Noch bevor dieser etwas erwidern konnte, war Monty auf seine Schultern gesprungen und hatte sich an ihn geklettet. Ferdinand blickte die beiden traurig an.

»Ich nehme dich bei der zweiten Runde mit«, tröstete ihn Tom. Bis dahin kannst du dich ja hier am Strand schon einmal ein bisschen stretchen und die Atmosphäre genießen.«

»Aufwärmen ist was für Pussies!«, kommentierte Monty und zeigte sich ein weiteres Mal von seiner unsensiblen Seite.

Ein heftiger Offshore-Wind blies die Kites auf das offene Meer hinaus. Die Gischt spritzte Tom ins Gesicht. Er schmeckte das salzige Meerwasser auf seinen Lippen.

»Dann zeigt mal, was ihr drauf habt!«, schrie Ronald und trommelte dabei mit seinen Fäusten auf Marks Rücken. Dieser nahm sogleich die erste Gelegenheit wahr, mit seinem Board abzuheben, um nur knapp vor Tom wieder auf der Wasseroberfläche zu landen.

»Prima, Ballerina!«, provozierte Monty.

Der Gorilla hämmerte nun noch heftiger mit seinen Fäusten auf Marks Rücken und peitschte ihn an, immer waghalsigere Manöver zu fahren. Angestachelt von seinem haarigen Gefährten peilte Mark jetzt eine hereinrollende Welle an, die sich aus seiner Perspektive perfekt als Sprungbrett eignete.

Gefahr laufend, den Spannungsbogen unsanft zu unterbrechen, muss hier konstatiert werden, dass am Ende des Tages immer alles eine Frage der Perspektive zu sein scheint: Die Welle sollte sich für Mark nämlich als Sprungbrett in ein neues Leben entpuppen.

Gerade hatten er und Ronald die Wasseroberfläche verlassen, als eine Windböe ihren Kite erfasste und die beiden in bisher ungekannte Höhen katapultierte. Es passte zur unverbesserlich wettbewerbsorientierten Natur des Gorillas, dass er noch kurz vor dem Aufprall auf einer Sandbank »in your face, ihr Loser!«, rief.

***

»Sie können jetzt rein«, sagte die junge Ärztin, die heute ihren ersten Tag auf der Notfallstation dieses so herrlich in unmittelbarer Nähe zum Meer gelegenen Krankenhauses verbrachte. Das Schicksal des attraktiven Patienten berührte sie sehr.

»Wie geht's dir?«, fragte Tom.

»Ich weiß nicht, ob ich je wieder laufen kann.«

»Scheiße, das tut mir so unendlich leid!«

»Weißt du, was interessant ist?«

Tom blickte ihn fragend an.

»Mir geht's nicht beschissen, weil ich vielleicht nie wieder laufen kann. Wenn wir uns in dieser Welt mal umschauen, dann gibt es viele Menschen da draußen, die ein ähnliches Schicksal ereilt.« Mark machte eine kurze Pause und schaute Tom traurig an: »Mir geht's beschissen, weil ich jetzt gerade nicht das bekomme, was ich brauche.«

»Morphium?«, fragte Tom und versuchte, Mark mit einem forcierten Lächeln aufzuheitern.

Mark ging nicht darauf ein.

»Ich brauche jetzt jemanden, der mir sagt, dass er mich liebt, egal, ob ich ein Krüppel sein werde oder nicht.«

Eine Träne rollte über sein Gesicht. Tom hatte ihn noch nie weinen gesehen.

»Du weißt, dass ich dich liebe!«, brachte Tom hervor und legte seinem Freund die Hand auf die Schulter.

»Danke, Tommie. Aber du weißt auch, welche Art von Liebe ich meine. Ich habe immer gedacht, dass ich erst einmal alles erreichen muss, was es für mich zu erreichen gibt. Um dann dem Ganzen die Krone aufzusetzen und jemanden zu finden, mit dem ich das alles teilen kann.«

Tom erkannte sich selbst in den Worten seines Freundes wieder und suchte verzweifelt nach tröstenden Worten.

»Ist schon OK, Tommie. Du musst jetzt nichts sagen, einfach nur da sein.«

Und so verbrachten die beiden Freunde einige Minuten der Stille, bis Mark ermattet die Augen schloss und einschlief.

Tom verließ das Zimmer und folgte den neongrünen Schildern zum Ausgang. Wie benommen stieg er in sein Auto und fuhr – ohne sich je daran erinnern zu können, eine bewusste Entscheidung über sein Ziel getroffen zu haben – zurück zur Bucht. Wie häufig hatten Mark und er sich hier in ihrer Jugend getroffen und gemeinsam die Abende nach dem Kiten ausklingen lassen?

Die dunklen Wolken waren verschwunden, der Sturm weitergezogen und das Meer nicht mehr aufgewühlt, sondern glatt wie ein See. Tom setzte sich in den Sand und ließ seinen leeren Blick über den Horizont schweifen.

Für ihn war gerade ein Fixstern verglüht, an dem er sich im vergangenen Jahrzehnt orientiert hatte. Wenn es eine Person in seinem Umfeld gegeben hatte, die einen noch kometenhafteren Aufstieg als er selbst hingelegt hatte, dann war es Mark gewesen. Ohne es jemals zuzugeben, hatte sich Tom immer seinen besten Freund zum Vorbild genommen und versucht, es ihm gleichzutun. Mit dem Erwerb seines neuen Titels bei einem börsennotierten Unternehmen hatte er zum ersten Mal das Gefühl gehabt, sich auf Augenhöhe mit Mark zu befinden. Doch was brachte ihm jetzt der Titel, wenn Mark auf einmal seinen bisher eingeschlagenen Weg in Frage stellte?

Tom nahm einen tiefen Atemzug, um der kreisenden Gedanken in seinem Kopf Herr zu werden.

»Darf ich mich zu dir setzen?«, fragte eine sanfte, ihm mittlerweile sehr vertraute Stimme.

»Ehrlich gesagt hatte ich gehofft, dass du hier auftauchen würdest«, erwiderte Tom und bedeutete dem kleinen Mönch, sich neben ihm im Sand niederzulassen. Ohne ein weiteres Wort zu wechseln, begannen die beiden, einfach im gleichen Rhythmus zu atmen und ihre

Lungen mit frischer Meeresluft zu füllen. Tom merkte, wie wohltuend die reine Präsenz des Mönchs auf ihn wirkte und wie sie ihn dabei unterstützte, sich selbst wieder zu spüren. Aus irgendeinem unerfindlichen Grund half es ihm gerade, nicht gegen die emporsteigenden Gefühle anzukämpfen, sondern sie einfach nur wahrzunehmen und zu akzeptieren.

Ferdinand schien seine Gedanken lesen zu können.

»Ich stelle mir in solchen Situationen dann immer vor, dass ich meine Gefühle zu einer Tasse warmen Tee einlade. So zum Beispiel: Hallo *Wut*, schön, dass du da bist. Setz dich doch und trink einen Schluck.«

»Was faselst du da von Tee, hier kommt das Bier!«, sprengte Monty diesen tiefgründigen Austausch und warf einen Sixpack der lokalen Brauerei vor Tom und Ferdinand in den Sand. Die beiden schauten ihn entgeistert an.

»Ey, ich weiß, dass es heute Scheiße gelaufen ist. Das lässt mich auch nicht kalt. Aber es ist doch besser, den Schmerz mit ein bisschen Alkohol zu betäuben und dann unter Männern drüber zu reden, als hier rumzuflennen.«

Ferdinand blickte Tom auffordernd an.

»Monty«, sagte dieser mit klarer und fester Stimme, »ich entscheide selbst, wie ich mit dieser Situation umgehen möchte. Und wenn ich hier am Strand sitze und weinen will, dann tue ich das!«

»O.K., O.K., wer wird denn gleich so empfindlich sein? Ist halt meine Art, mit dem Shit im Leben umzugehen. Hier siehste: Ich nehme eine Schaufel, packe den stinkenden Haufen drauf und schmeiß ihn so weit weg, dass er uns nicht mehr vollstinkt. Und dann können wir wieder die Aussicht genießen.«

Mit einer ausladenden Bewegung schleuderte Monty eine Handvoll Sand so weit weg, wie er konnte.

»Wenn du nicht akzeptieren kannst, wie ich gerade mit meiner Verletzlichkeit umgehe, dann möchte ich dich jetzt bitten zu gehen!«, sagte Tom bestimmt.

Monty nahm sich trotzig ein Bier und ließ den Kronkorken zischend zwischen seinen Zähnen aufploppen. Dann setzte er sich demonstrativ drei Meter entfernt von Ferdinand und Tom auf einen großen Stein und blickte eine Weile schweigend auf das Meer.

»Ich kann die Stille einfach nicht ertragen«, platzte es schließlich aus ihm heraus. »Immer, wenn es still ist, kommen negative Gedanken.«

»Bist du deshalb so hyperaktiv unterwegs?«, fragte Tom.

»Wird wohl so sein. Hat zumindest damals mein Therapeut gesagt.«

»Du hast mal eine Therapie gemacht?«, fragte Ferdinand ungläubig.

»Hättet ihr nicht gedacht, was? Das war zu meinen „Sex and Drugs and Rock N' Roll"- Zeiten. Da war ich ganz schön fertig, könnt ihr mir glauben.«

Monty machte eine kleine Pause und ließ seine überraschende Offenbarung auf Tom und Ferdinand wirken.

Sein eigenes Schicksal relativierend fuhr er fort: »Na ja, so hat jeder sein Päckchen zu tragen. Wollt ihr jetzt ein Bier?«

»Ja, ich würde eins nehmen.«

»Ich auch«, stimmte der kleine Mönch ein.

Die drei ließen die Bierflaschen gegeneinander klirren.

»Auf Marks Gesundheit!«, sagte Tom, »und darauf, dass wir uns dabei helfen, unsere Päckchen zu tragen.«

Bis zum Sonnenuntergang blieben die drei ungleichen Weggefährten am Strand sitzen und erzählten sich Geschichten aus ihrem Leben. Traurige, lustige, kurze, lange, aber immer prägende Geschichten.

Als Tom drei Tage später nach einem erfolgreichen Meeting mit einem potenziellen Kooperationspartner am frühen Abend auf den Parkplatz der TTC einbog, sah er einige Mitarbeiterinnen und Mitarbeiter gut gelaunt und miteinander scherzend in Sportklamotten in Richtung Parkanlagen schlendern. Einer von ihnen – es handelte sich um Björn, der normalerweise zu dieser Zeit in seiner Garage an einer innovativen Bierzapfanlage arbeitete – trug einen Lederfußball unter seinem rechten Arm. Melanie, die neben ihm ging, hatte eine Trillerpfeife um den Hals hängen und blies ab und zu vergnügt hinein. Als sie Tom an der Truppe vorbeifahren sah, forderte sie ihn mit einer kurbelnden Handbewegung auf, sein Fenster hinunterzufahren.

»Keine Sorge, Herr Neumann«, rief sie ihm entgegen, »wir streiken nicht. Wollen nur ne Runde kicken gehen.«

»Spielen Sie mit?«, fragte Altin, der für seine Einladung einige strafende Blicke erntete.

Tom dachte kurz nach. Eigentlich hatte er heute noch eine To-Do-Liste abzuarbeiten, die für die gesamte nächste Woche ausgereicht hätte. Doch hatte er nach Marks Unfall beschlossen, etwas in seinem Leben zu ändern. Und sein Bauchgefühl sagte ihm, dass es eine sehr gute Idee sei, mitzuspielen. Er drehte sich um und schaute Ferdinand und Monty fragend an. Die beiden hatten während der Fahrt auf der Rückbank geschlafen und so war es erstaunlich ruhig im Auto gewesen.

Monty rieb sich den Schlaf aus den Augen und sagte gähnend: »Warum nicht?«

Auch Ferdinand streckte seinen Daumen in die Höhe: »Ja, das stärkt das Gemeinschaftsgefühl!«

»Alles klar, ich bin dabei!«, rief Tom der Gruppe zu, woraufhin Milan mit übertriebenem Enthusiasmus skandierte: »Es gibt nur einen Tom Neumann, es gibt nur einen Tom Neeeeeuuuumann!«

Tom nahm den ironischen Unterton des sich daraus entwickelnden Sprechchores durchaus wahr und er konnte es der Gruppe wirklich nicht verübeln. Schließlich bedrohte seine Existenz die ihre. Umso erfreuter war er, dass man ihn überhaupt gefragt hatte, ob er mitspielen wolle.

Er parkte das Auto und lief der etwa 20-köpfigen Mannschaft, von der rund ein Viertel weiblich war, hinterher.

»Haben Sie vielleicht ein paar Klamotten für mich?«, fragte er in die Runde, als sie auf der großen Grünfläche im Park angekommen waren.

Jan warf ihm eine Sporthose zu und Altin kramte aus seiner Tasche ein zweites Paar Fußballschuhe hervor. Melanie verteilte neongelbe und orangefarbene Leibchen.

»Wie gut sind Sie denn?«, fragte sie Tom kess.

»Jetzt keine falsche Bescheidenheit«, mahnte ihn Monty. »Guck dir die Gurkentruppe hier mal an, gegen die könntest du auch alleine spielen und würdest sie vom Platz fegen.«

»Also, ich hab früher ganz ordentlich im Verein gespielt«, antwortete Tom.

»Dreifacher Torschützenkönig in seiner Liga war er«, fügte Monty noch hinzu, aber da hatte Melanie Tom schon ein neongelbes Leibchen zugeworfen und sich der nächsten Spielerin zugewendet.

»Ich schlage vor, du setzt dich an den Rand und guckst erst mal zu«, sagte Monty, getriggert durch den Wettbewerbscharakter des Spiels, zu Ferdinand. »Dann schauen wir mal, ob wir dich vielleicht in der zweiten Halbzeit irgendwann gebrauchen können, wenn den Flachpfeifen hier die Luft ausgeht.«

»Alle bereit?«, rief Björn, der offensichtlich als Organisator des Spiels hier das Sagen hatte.

Während Richard einen Turnbeutel, eine Trainingsjacke und zwei Wasserflaschen zu Torpfosten umfunktionierte, kamen die beiden Teams zusammen, um die Mannschaftsaufstellung zu besprechen.

»Endlich mal ein Meeting, das Spaß macht«, feixte Monty.

»Also, ich schlage vor, wir spielen so wie beim letzten Mal«, sagte Altin. »Herr Neumann könnte dann unseren verletzten Detlef im Angriff ersetzen, ist das O.K.?«

Tom und Monty nickten zustimmend. Melanie blies ihre Pfeife zum Anpfiff und die beiden Kapitäne trafen sich händeschüttelnd im imaginären Mittelkreis zum

Münzwurf. Toms Team gewann die Wahl und entschied sich für den Anstoß. So ging die allererste Ballberührung des Spiels auf Toms Konto.

Kopfschüttelnd stand Christian Schwarz am Fenster seines Büros und beobachtete das Spektakel aus sicherer Entfernung.

Getreu seiner Angewohnheit, Wut und Ärger nicht in sich hineinzuschlucken, sondern – egal, ob in Gesellschaft oder nicht – lauthals kundzutun, entfuhr es ihm: »Dieser eingebildete Affe! Wir reißen uns hier im Vorstand den Arsch für das Unternehmen auf und der Typ spielt mit den Prolls aus der Werkshalle Fußball!«

In den ersten Minuten des Spiels lieferten sich die beiden Mannschaften einen munteren Schlagabtausch, wobei das gegnerische Team insgesamt ballbestimmend war. Tom merkte relativ schnell, dass er nicht in der Form seines Lebens war und es ihm in den entscheidenden Situationen an Spritzigkeit fehlte. Außerdem machte ihm der anscheinend extra auf ihn abgestellte Innenverteidiger Roman – eine Kante vor dem Herrn – schwer zu schaffen.

Als Roman unserem Protagonisten in der elften Spielminute kurz vor der Strafraumgrenze mit voller Absicht von hinten in die Beine grätschte, bestätigte sich Toms böse Vorahnung, dass es nicht allen auf dem Platz gelingen würde, zwischen Arbeit und Vergnügen zu trennen. Da hatte sich in den vergangenen Wochen offensichtlich sehr viel Frust angestaut, der nun abgebaut werde musste. Tom ging mit einem lauten Aufschrei zu Boden.

Für Monty gab es nun kein Halten mehr. Erst beschimpfte er wüst Melanie, die das Foul angeblich nicht gesehen hatte und nun aus Montys Sicht davor zurückschreckte, diesen Verstoß mit einer roten Karte zu ahnden. Dann lief er mit geballten Fäusten auf den Übeltäter zu und konnte erst im letzten Moment von dem auf den Platz sprintenden Ferdinand zurückgehalten werden.

»Noch so eine Aktion, und der Typ fängt sich richtig eine!«, schäumte Monty vor Wut.

»Beruhige dich, es ist doch nur ein Freundschaftsspiel!«, raunte ihm Ferdinand zu.

»Das erzähl mal diesem Vollidioten, der unseren besten Mann hier so ummäht«, entgegnete Monty.

Er schnappte sich ungefragt den Ball und zog den Freistoß etwa zehn Meter über das Tor.

»Scheiß Mauer!«, fluchte er und spuckte auf den Rasen.

Toms Knöchel schmerzte so sehr, dass er sich nur humpelnd über den Platz bewegen konnte. So war er auch nicht in der Lage, den Pass, der zum ersten Tor der gegnerischen Mannschaft führen sollte, zu verhindern.

Er bedeutete Ferdinand von der Seitenlinie, auf das Feld zu kommen. »Wir brauchen jetzt jemanden mit einer guten Spielübersicht, der zur richtigen Zeit am richtigen Ort steht«, instruierte er ihn.

Ferdinand brachte tatsächlich eine gewisse Ruhe ins Spiel, die Tom half, sich langsam wieder zu berappeln. Doch Monty passte die neue Spielweise ganz und gar nicht. Immer wieder forderte er den Ball ein und dribbelte in Richtung Tor, um sich dann in der gegnerischen Abwehr zu verheddern.

Als er zum dritten Mal eine freistehende Mitspielerin übersah und sich ohne Not theatralisch mit einer Schwalbe zu Boden gehen ließ, rastete unser sonst so gelassen wirkender Mönch aus.

»Jetzt spiel doch endlich ab, du selbstverliebter Affe! Kerstin steht hier völlig frei vor dem Tor! Wenn du gewinnen willst, dann hör mit deinen verdammten Alleingängen auf!«

Monty und Tom schauten sich verwundert an. So kannten sie Ferdinand gar nicht.

»Endlich kommst du mal aus dir raus, das gefällt mir«, sagte Monty.

»Vielleicht checkst du es ja jetzt mal!«, erwiderte Ferdinand.

Tatsächlich bewirkte seine raue Ansprache ein kleines Wunder. Anstatt sich erneut zu verdribbeln, spielte Monty beim nächsten Angriff genau im richtigen Moment den Pass in die Tiefe, den Kerstin dankend annahm und mit einem abgebrühten Abschluss den wohlverdienten Treffer erzielte. Euphorisiert durch den Ausgleich lief Monty zu Ferdinand und küsste ihn völlig unerwartet auf seine Glatze. Schnell bildete sich eine hüpfende Traube um die Torschützin und mit diesem vorläufigen Höhepunkt entließ Melanie die beiden Mannschaften in die Halbzeitpause.

Erschöpft ließen sich die Spielerinnen und Spieler auf den Rasen sinken und reichten sich gegenseitig Bierflaschen aus der mitgebrachten Kiste. Tom hielt die kalte Flasche an seinen geschwollenen Knöchel und genoss ihre kühlende Wirkung. Zu seinem Erstaunen kam Roman sogar kurz herüber, um sich nach seinem Befinden zu erkundigen.

»Wissen Sie, Herr Neumann, auf dem Platz gehen mit mir manchmal die Pferde durch, das dürfen Sie mir nicht übelnehmen!«

»Ist schon gut«, antwortete Tom, »wir wollen ja alle nur gewinnen.«

»Der ist gar nicht so ein Arsch wie alle sagen«, hörte er Anna ihrem Torwart Altin zuflüstern und tat so, als ob er die Bemerkung nicht gehört hätte.

»Sooo, es geht weiter«, rief Melanie und erhielt aus beiden Mannschaften Buh-Rufe für ihr penibles Zeitmanagement.

»Kommt schon Leute, es wird gleich dunkel und wir wollen doch hinterher noch was trinken gehen«, bot sie Paroli und so begaben sich die beiden Teams wieder auf das Spielfeld.

Ferdinand durfte aufgrund seiner überzeugenden Leistung am Ende der ersten Halbzeit nun gleich von

Beginn an spielen. Es war ihm an seiner Körperhaltung anzusehen, dass sich das in ihn gezeigte Vertrauen positiv auf sein Selbstbewusstsein auswirkte. Auf einmal schien er fünf Zentimeter gewachsen zu sein und beeindruckte selbst Monty durch seine Präsenz auf dem Platz.

Vielleicht hätte sich ein überschwänglicher Fußballkommentator aufgrund des perfekten Zusammenspiels unseres Protagonisten mit dem kleinen Affen auf dem linken Flügel und dem kleinen Mönch auf dem rechten Flügel sogar dazu hinreißen lassen, sie als magisches Dreieck zu bezeichnen. Elegant passten sie sich die Bälle zu und demonstrierten eine bis dato ungekannte Harmonie.

Der Erfolg blieb nicht aus. Trotz des auf dem Papier stärkeren Kaders der anderen Mannschaft gewann Toms Team dank zweier traumhaft herausgespielter Tore am Ende mit 3:2.

»Wollen Sie noch mitkommen?«, fragte der schweißüberströmte Richard unseren Matchwinner nach dem Spiel.

Tom wollte gerade antworten, als er seinen Namen von der Terrasse schallen hörte. Es war Dr. Berger, der dort mit in die Hüften gestützten Armen stand und Tom zu sich rief.

»Oh, oh, jetzt gibt es Mecker vom Chef«, witzelte Björn und erntete Gelächter. Tatsächlich fühlte sich Tom ein wenig wie ein Schuljunge, der selbstvergessen das Läuten der Schulglocke überhört hatte und nun von seinem strengen Lehrer in den Unterricht gerufen wurde.

»Das kannst du ohne uns regeln, oder?«, fragte Monty.

Tom nickte und lief hastig hinüber zur Terrasse.

»Vielleicht sollten wir in Zukunft häufiger als Team auftreten?«, schlug Ferdinand ihm vor. »Wir ergänzen uns, glaube ich, gar nicht so schlecht.«

Monty schaute ihn mit einem breiten Grinsen an: »Können wir machen – solange ich das Sagen habe!«

»Nein, so läuft das nicht! Wir müssen schon beide zu Wort kommen. Und am Ende ist immer noch Tom unser Spielführer. Ohne ihn wären wir schließlich gar nicht hier!«

»Schau'n mer mal«, erwiderte Monty und ließ sich damit wie immer alle Optionen offen.

Schon von weitem brüllte Dr. Berger seinen CDO ohne Begrüßungsfloskel an: »Tom, was machen Sie da? Ich versuche seit geraumer Zeit Sie zu erreichen, aber Sie gehen nicht an Ihr Handy.«

Tom bemerkte erst jetzt, dass er sein Smartphone im Auto liegengelassen hatte.

»Ich muss Ihnen ja wohl nicht erklären, wie es um uns bestellt ist. Der gesamte Vorstand arbeitet gerade auf Hochtouren daran, den Karren aus dem Dreck zu ziehen und Sie vergnügen sich hier bei sportlichen Aktivitäten. Und dazu noch direkt vor unserem Fenster, wo Sie alle sehen können.«

»Es war gleichzeitig eine Teambuilding-Maßnahme«, entschuldigte sich Tom.

»Dann bin ich ja mal gespannt, wie positiv sich die Nachricht, dass wir ein Viertel der Mitarbeiter entlassen müssen, auf Ihr "Team"«, – und bei diesem letzten Wort malte er zwei Anführungszeichen in die Luft – »auswirken wird. Sie wissen, dass ich bis vor kurzem ein großer Freund Ihrer Arbeit war. Deshalb habe ich Sie auch gegen den Willen anderer Vorstandsmitglieder eingestellt.«

Er machte eine kurze Pause, um seinen folgenden Worten noch mehr Gewicht zu verleihen.

»Doch Sie machen es mir durch Ihr Verhalten nicht gerade leicht, an Ihnen festzuhalten. Wir sehen uns morgen früh um neun Uhr zur Vorstandssitzung. Bis dahin sollten Sie Ihren Kram erledigt haben. Jana weiß Bescheid.«

Wie einen begossenen Pudel ließ er seinen CDO auf der Terrasse stehen und knallte die große Glastür hinter sich zu.

Tom kehrte zurück zu seiner Mannschaft, die an seiner veränderten Körpersprache ablesen konnte, dass er gerade eine volle Breitseite bekommen hatte.

»Sorry«, sagte er in die Runde, »aber ich kann dieses Mal nicht mitkommen. Ich muss noch ziemlich viel für morgen früh vorbereiten.«

»Ach kommen Sie, Herr Neumann«, rief Björn, »ich dachte, Sie leben das Motto *work hard, play hard!*«

»Ja genau, und jetzt ist wieder *work hard* dran«, bemerkte Monty.

Tom riss die Tür zu seinem Vorzimmer auf. Zum Glück saß seine Assistentin trotz der fortgeschrittenen Stunde noch an ihrem Schreibtisch.

»Jana, ich brauche Ihre Hilfe! Ich habe gerade von Herrn Dr. Berger erfahren, dass ein Viertel des Personals entlassen werden soll.«

Jana zuckte ein wenig verständnislos mit den Achseln.

»Ja, und ...?«

»Na ja, wir müssen etwas tun!«

»Entschuldigen Sie, ich verstehe nicht ganz. Es war doch auch Ihre Idee, dass wir einige Mitarbeiterinnen und Mitarbeiter gehen lassen müssen, um für insgesamt schlankere Strukturen zu sorgen.«

»Stimmt, aber das war, bevor ich mit ihnen Fußball gespielt habe und mein bester Freund einen Unfall hatte.«

Jana fragte sich, wie es möglich war, dass ein Mensch innerhalb weniger Tage einen so grundlegenden Bewusstseinswandel vollziehen konnte.

»Können Sie eine Liste derjenigen, die entlassen werden sollen, besorgen?«

Die Angesprochene zögerte. »Ihnen ist klar, dass Sie mich um etwas bitten, wozu ich eigentlich nicht befugt bin?«

Tom schaute ihr tief in ihre azurblauen Augen.

»Das könnte mich meinen Job kosten!«

»Wenn Sie gehen müssen, gehe ich auch und nehme Sie mit!«

»Na gut, ich bin mit der Sekretärin vom Berger befreundet, vielleicht lässt sich da was machen. Aber ich kann nichts versprechen!«

»Vielen Dank, Jana, Sie sind großartig!«

»Ich habe nur noch eine Bedingung.«

»Ja?«

»Sie gehen erst einmal duschen.«

Als Tom 15 Minuten später mit Monty und Ferdinand im Schlepptau wieder zurückkam, überreichte ihm Jana konspirativ eine sechs Seiten umfassende Liste. Triumphierend wedelte Tom mit dem Dokument in der Luft und ließ sich mit dem kleinen Affen und dem kleinen Mönch auf dem schwarzen Ledersofa in seinem Büro nieder. Er überflog die Liste, während ihm die beiden über die Schulter schauten. Dabei erkannte er vier Namen wieder. Es handelte sich um Björn, Kerstin, Altin und Melanie.

»Das müssen wir irgendwie verhindern«, murmelte er. »Was meinst du, Ferdinand, wie wird sich das auf das Klima in der Werkshalle auswirken?«

»Das wird sich auf jeden Fall sehr negativ auf die Motivation und die Leistung aller Mitarbeiterinnen und Mitarbeiter hier auswirken. Allerdings gibt es tatsächlich ein paar auf dieser Liste, die schon seit vielen Jahren innerlich gekündigt haben. Sie wären mit Sicherheit nicht böse, wenn sie jetzt mit einem guten Deal rausgehen können. So gewinnen sie wenigstens etwas Zeit, sich neu zu orientieren.«

»Es muss doch mittlerweile allen hier klar sein, dass die Underperformer rausfliegen müssen«, warf Monty ungefragt ein.

»Schon, aber sie sind zu Recht sauer, weil der Vorstand den Wandel seit Jahren verschlafen hat und nun alles auf einmal ganz schnell gehen muss. Sie hätten sich natürlich gewünscht, mehr eingebunden zu werden und ihre Ideen einbringen zu können«, entgegnete Ferdinand.

»Vielleicht ist es ja nicht zu spät«, sagte Tom kämpferisch und sprang auf. »Ferdinand, du weißt doch bestimmt, wo die Teams heute Abend noch zusammensitzen, oder?«

»Ja, sie sind immer beim Italiener um die Ecke.«

»Dann lasst uns keine Zeit verschwenden und sofort hin.«

***

»Ah, Herr Neumann, Sie haben es ja doch noch geschafft, wie schön!«, schallte es Tom entgegen, als er zusammen mit Jana, Ferdinand und Monty das Restaurant betrat.

»Ja, aber ich bringe leider keine guten Nachrichten mit! Wenn wir uns nicht gemeinsam etwas einfallen lassen, müssen einige von Ihnen bald die *TTC* verlassen.«

Die muntere Runde verstummte schlagartig. Betroffen schauten die meisten zu Boden, starrten auf ihr halbleeres Bierglas oder kneteten ihr kreidebleiches Gesicht.

Zwar hatte sich diese Hiobsbotschaft schon seit Monaten am Horizont abgezeichnet, doch nun traf die Gewissheit die Anwesenden mit voller Härte. Für eine gefühlte Ewigkeit war niemand in der Lage, seinen Blick aufzurichten, geschweige denn, etwas zu sagen.

»Wissen Sie, wer genau von uns gehen muss?«, fragte Jan schließlich mit zittriger Stimme.

»Ja, aber ich darf es eigentlich gar nicht wissen. Meine Idee ist, dass wir gemeinsam überlegen, ob wir eine Lösung für die Situation finden können. Sind Sie dabei?«

»Es bleibt uns ja nichts anderes übrig«, schluchzte Kerstin.

»Aber sicher doch«, rief Björn kämpferisch.

Tom wandte sich Monty zu.

»Sorgst du dafür, dass wir hier ungestört arbeiten können?«

Nach einem gescheiterten Flirtversuch mit der aus Sizilien stammenden Kellnerin ließ Monty einen Fünfhundert-Euro-Schein über den Tresen wandern. Innerhalb von einer halben Stunde hatte der Besitzer all seine Gäste hinauskomplimentiert und ein Schild mit der Aufschrift *Geschlossene Gesellschaft* vor die Tür gehängt. Gemeinsam wurde das Mobiliar umgeräumt, sodass am Ende ein großer runder Tisch in der Mitte des erleuchteten Raumes stand. In der Kinderecke fand Ferdinand eine Holzkiste mit Lego.

»Das ist genau das, was wir jetzt brauchen«, frohlockte er und kippte den Inhalt auf dem großen Tisch aus.

»Nicht dein Ernst, oder?«, fuhr ihn Monty von der Seite an.

»Vertrau mir, das wird gut!«, entgegnete Ferdinand und zog Tom zur Seite, um ihm zu erklären, was erwachsene Menschen ausgerechnet mit Kinderspielzeug machen sollten.

Obwohl er skeptisch war, hielt Tom sich an die Anweisungen des kleinen Mönchs.

»Also, wie Sie sehen, liegt vor Ihnen ein Haufen LE-GO«, wandte er sich an die Gruppe. »Ich möchte Sie bitten, dass Sie mithilfe der Bausteine und der kleinen Figuren einmal darstellen, wie Sie die momentane Situation bei der *TTC* wahrnehmen.«

Monty konnte sich beim besten Willen nicht vorstellen, dass aus diesem Kindergartenkrams etwas Produktives herauskommen sollte und bestellte sich einen Gin Tonic.

Die *TTCler* – und in ihrem Herzen fühlten sie sich alle noch als *TTCler* – machten sich jedoch mit erstaunlichem Eifer an die Aufgabe. Man merkte, dass sie sich schon allein durch die Umgebung und Toms Zuwendung wertgeschätzt fühlten. Es bereitete ihnen sichtlich Freude, die Bausteine nach ihren Vorstellungen zusammenzusetzen und so neue Gedanken zu entwickeln.

Als Tom sah, dass fast alle fertig waren, bat er jeden Einzelnen, seine Wahrnehmung mithilfe des Gebauten zu präsentieren.

Kerstin machte den Anfang: »Ich habe einmal versucht, die Situation mit diesen kleinen Figuren darzustellen. Hier, die mit der Blume in der Hand, das bin ich. Der in Grün ist Dr. Berger. Er schiebt einen schwarzen Roboter in die Werkshalle, der mir den Arbeitsplatz wegnimmt.«

»So ähnlich stelle ich es mir auch vor«, pflichtete Melanie ihr bei. »In meiner Story gibt es noch diese Kundin in Rosa hier. Sie will mit dem Roboter sprechen, aber der versteht sie nicht. Deshalb wendet sie sich ab und kauft jetzt nicht mehr bei uns.«

»Bei mir sieht es ganz anders aus«, fuhr Altin fort. »Hier unter dem Sonnenschirm und der Palme sitzen die Mitarbeiter von diesem Startup aus Kalifornien und werfen mit Ideen um sich. Sie sind alle sehr glücklich, weil sie am Strand arbeiten dürfen. Und hier in diesem Gebäude ohne Fenster sind die Mitarbeiter von dieser Firma aus Asien. Sie laufen wie kleine Ameisen umher und tragen Sachen hinein und hinaus. Und die beiden nehmen unsere *TTC* hier in der Mitte in die Zange.«

»Die Frage ist jetzt, wie wir uns aus diesem Zangengriff befreien können«, warf Tom ein.

»Ich glaube ehrlich gesagt, dass der Schlüssel dazu bei dieser Kundin hier liegt«, sagte Melanie und stellte die kleine rosafarbene Figur in die Mitte des Tisches . . .

Mehrere Stunden lang entwickelte das bunt zusammengewürfelte Team in einer angeregten Diskussion Lösungen für die Probleme der *TTC*. Tom war fasziniert vom Ideenreichtum der hier versammelten Menschen und musste am Ende des Abends sein bisheriges Bild revidieren. Auf einmal begriff er, dass jede anwesende Person mit ihrer Erfahrung und ihren Gedanken eine potenzielle Quelle für Innovation war.

Erst um zwei Uhr nachts fingen die ersten an, sich die müden Augen zu reiben und langsam versiegte der bis dahin unaufhörlich sprudelnde Quell neuer Ideen. Monty hatte sich gerade noch einen doppelten Espresso bestellt und war hellwach, doch Ferdinand plädierte erfolgreich dafür, alle in ihren wohlverdienten Nachtschlaf zu entlassen.

So einigte man sich darauf, dass Tom die Ergebnisse gemeinsam mit Melanie und Altin bei der morgendlichen Vorstandssitzung präsentieren und im Anschluss der Runde von den Reaktionen berichten würde.

»Jana, wie kommst du nach Hause?«, fragte Tom seine Assistentin aufmerksam. Im Laufe des Abends waren die beiden zum *Du* übergegangen.

»Mmh, ich weiß es nicht genau.«

Monty und Ferdinand stießen ihm beide in die Rippen – allerdings aus unterschiedlichen Motiven, wie sich nur wenig später herausstellen sollte.

»Ich fahre dich gerne.«

»Aber das brauchst du doch nicht, Tom!«

»Aber natürlich, das ist das Mindeste, was ich nach deinem großartigen Einsatz heute für dich tun kann.«

Wie ein Gentleman öffnete Ferdinand für Jana die Beifahrertür und nahm neben Monty auf der Rückbank Platz. Gemeinsam ließen sie den unerwarteten Verlauf dieses Abends Revue passieren und lobten die angenehme Atmosphäre im Restaurant.

»Wenn Arbeit nur häufiger so sein könnte!«, sagte Jana träumerisch.

»Ja, das wäre toll«, pflichtete ihr Monty bei und begann mit ungeahnter Einfühlsamkeit ihre Schultern zu massieren.

Jana zuckte kurz zusammen, aber ließ ihn zu Ferdinands Erstaunen gewähren. Vor zwei Tagen hatte sie sich nach einem heftigen Streit von ihrem langjährigen Freund getrennt, ein Umstand, der unserem behaarten Womanizer an dieser Stelle in die Karten spielte. Eiskalt nutzte Monty die Situation aus und hauchte ihr mit seinem warmen Atem in den Nacken, sodass sie eine Gänsehaut bekam. Als er keinen Widerstand spürte, drehte er sanft ihren Kopf und küsste sie auf den Mund.

Ferdinand konnte es nicht fassen. Da hatte er für einen Abend geglaubt, dass der Affe doch ein anständiger Kerl war und man gut im Team zusammenarbeiten könne und dann zog er so ein Ding ab.

***

Am nächsten Morgen traf man sich um neun Uhr zur Krisensitzung im Vorstand. Obwohl Tom kaum geschlafen hatte, fühlte er sich zugleich energetisiert und geerdet. Selbstbewusst würde er für seine Werte einstehen, koste es, was es wolle.

Dr. Berger eröffnete erwartungsgemäß mit einer nautischen Metapher, um den Ernst der Lage zu unterstreichen. Dann ließ er jedes Vorstandsmitglied knapp über die Entwicklungen im jeweiligen Bereich referieren. Christian Schwarz machte seinem Namen keine Ehre und stellte erneut rote Zahlen vor, um daraus den folgenden Schluss abzuleiten: »Was wir alle befürchtet haben, ist nun leider eingetreten. Meine Lösung stellt sich dabei als absolut alternativlos dar: Wir müssen etwa ein Viertel unserer Mitarbeiter entlassen.«

Tom nahm seinen ganzen Mut zusammen: »Ich möchte Ihnen in diesem Punkt entschieden widersprechen. Es gibt aus meiner Sicht durchaus eine innovative Lösung!«

Christian Schwarz schaute ihn entgeistert an. »Sie meinen, so innovativ wie Ihre Digitalstrategie?«

»Ja, genau. Jedenfalls so innovativ wie die Teile, die Sie heimlich noch vor ihrer Veröffentlichung herausgekürzt haben!«

Ein kleines Raunen erfüllte den Raum. Es war der ultimative Showdown zwischen unserem Hauptdarsteller und seinem größten Widersacher.

»Es ist schon sehr interessant. Sie sind erst seit einigen Wochen bei uns und spielen sich hier als Anwalt der Werkshalle auf. Dabei sind Sie für einen ganz anderen Bereich verantwortlich. Sie sollten eigentlich dafür sorgen, dass wir digital nicht den Anschluss verpassen und möglichst schnell schlankere Strukturen bekommen!«

»Aus meiner Sicht sind wir alle hier verantwortlich für unsere Mitarbeiterinnen und Mitarbeiter!«

Ferdinand nickte zustimmend.

»Und nicht nur das, wir sind auch alle verantwortlich für die Reputation unseres Unternehmens.«

Monty streckte seinen linken Daumen empor.

»Und das bedeutet jetzt genau was?«, fragte Schwarz mit schneidender Stimme.

»Haben Sie sich schon einmal überlegt, wie sich die Ankündigung, ein Viertel unserer Belegschaft zu entlassen, auf unseren Ruf auswirken wird?«

»Mit unseren Investoren haben wir bereits gesprochen«, versicherte Dr. Berger, »die haben nichts dagegen.«

»Das mag sein, aber im Zentrum all unserer Erwägungen sollten doch nicht nur die Investoren, sondern vor allem unsere Kunden und unsere Mitarbeiter stehen!«

»Woher kommt der plötzliche Bewusstseinswandel, Herr Neumann? Haben Sie letzte Nacht schlecht geträumt oder mal wieder in den guten alten Marx reingeblättert?«, ätzte Schwarz.

»Nein, ich habe einfach mal den hier arbeitenden Menschen zugehört.«

»Und dabei erfahren, wie schlecht es ihnen doch geht?«

»Ganz im Gegenteil! Sie haben Ideen entwickelt, auf die unsere Runde hier wahrscheinlich niemals gekommen wäre. Aber wissen Sie, viel besser als ich können es unsere Kolleginnen und Kollegen selbst erzählen.«

Monty öffnete auf Toms Zeichen die Tür und ließ Melanie und Altin eintreten. Die beiden stellten die am Vorabend konstruierte Legolandschaft in die Mitte des großen ovalen Konferenztisches.

Melanie versicherte sich durch einen Blick in die Runde, dass sie die volle Aufmerksamkeit aller Anwesenden genoss und begann: »Sehr geehrte Herren, ich möchte Sie mitnehmen auf eine kleine Reise. Auf eine Reise in die Lebenswelt dieser Kundin.«

Altin unterstrich: »Wenn wir wissen, was diese Kundin nicht nur heute, sondern auch morgen und übermorgen will, dann können wir genau das entwickeln und haben dadurch als Unternehmen auch selbst eine Zukunft.«

Und dann gaben die beiden in einer aus dem Stehgreif perfekt inszenierten Choreographie sehr emotionale Einblicke in die Lebenswelten der Kundinnen und Kunden der *TTC*, welche sich die meisten Vorstandsmitglieder in den vergangenen Jahren fast ausschließlich über Statistiken und Balkendiagramme erschlossen hatten. Die anfängliche Skepsis wich einer anerkennenden und von Kopfnicken geprägten Haltung.

Nur eine Person im Raum schien den atmosphärischen Wandel nicht bemerkt zu haben. Gerade als Melanie und Altin ihre kleine Reise in eine bessere Zukunft der *TTC* mit einem Dank für die Aufmerksamkeit beenden wollten, stand Christian Schwarz auf und sagte: »Was für eine schöne und herzerwärmende Geschichte, die Sie da mit den süßen kleinen Lego-Männchen erzählt haben. Es gibt nur ein Problem, das Sie mit Ihrem eingeschränkten Blick gar nicht sehen können: Wir haben einfach nicht die Zeit und die finanziellen Mittel, um diese Utopie wahr werden zu lassen. Wir bedanken uns trotzdem für Ihre spontane künstlerische Intervention. Jetzt würden wir allerdings gerne weitermachen.«

Altin und Melanie, die bisher über sich hinausgewachsen und sehr souverän aufgetreten waren, ließen auf einmal die Schultern hängen und drehten sich zur Tür, um sich peinlich berührt aus dem Raum zu schleichen.

»Stopp!«, ertönte die kräftige Stimme von Thomas Berger. »Das war die beste Vorstandspräsentation, die ich je erlebt habe! Sie können sich gar nicht vorstellen, wie sehr Sie beide mich gerade inspiriert haben.«

Und sich mit hochgezogenen Augenbrauen zu Christian Schwarz drehend, sagte er: »Ich möchte Sie bitten, den Raum zu verlassen. Ihre Energie tut uns hier gerade nicht gut.«

»Energie?«, schrie dieser und verlor nun völlig die Contenance. »Sind hier jetzt alle völlig durchgedreht?«

Und damit verließ er mit hochrotem Kopf den Raum, nicht ohne vorher mit einer aggressiven Schulterdrehung den vor der Tür stehenden Altin zu streifen. Über den Flur schallte noch ein lautes »Fuck« und wenige Sekunden später hörte man die durchdrehenden Reifen eines davonsprintenden SUVs.

»Dann können wir ja jetzt fortfahren«, sagte Thomas Berger mit einem erleichterten Lächeln.

»Tom, wie passt die Vision, die hier gerade skizziert wurde, zu Ihrer Digitalstrategie?«

Für Tom war das eine Steilvorlage. Er unterfütterte die kühne Vision mit Zahlen, Daten und Fakten und legte die konkreten nächsten Schritte und Meilensteine dar. Dabei ließ er im Subtext auch die positiven Auswirkungen für die Vorstandsmitglieder und ihre geliebten Boni durchklingen.

Als Melanie und Altin dann am Ende auch noch zur Vermeidung der Entlassungswelle die Bereitschaft einiger Mitarbeiter signalisierten, die eigene Arbeitszeit zu reduzieren, gab es niemanden mehr im Raum, der sich nicht an dem neuen Zukunftsbild berauschte.

»Meine Herren, meine Dame«, frohlockte Thomas Berger, »packen wir es an! Tom, Sie werden gemeinsam mit Frau Martens vom Betriebsrat eine kleine Task Force zusammenstellen, die die Fäden für den Prozess zusammenführt. Auf zu neuen Ufern!«

Um unsere Geschichte nicht allzu vorhersehbar dahinplätschern zu lassen und ihr ein rundes Ende zu geben, machen wir an dieser Stelle einen Zeitsprung von 3.888.000 Atemzügen. Es war ein goldener Oktobertag und die Blätterverfärbungen erinnerten auf sehr angenehme Weise an den sogenannten Indian Summer der amerikanischen Ostküste.

Doch was war in der Zwischenzeit passiert? Björn war mit seiner Erfindung in einer Investorenshow aufgetreten und hatte dabei sein Produkt so überzeugend gepitcht, dass die Jury ihm einen Deal angeboten hatte. Mark hatte unverhofft in Anna, der uns aus dem Krankenhaus bekannten jungen Ärztin, seine große Liebe gefunden und war zu ihr in ein reetgedecktes und rollstuhlgerechtes Haus an den Strand gezogen. Christian Schwarz hatte das Unternehmen auf eigenen Wunsch verlassen und lebte seine cholerische Ader nun in einem Großkonzern aus. Jana brachte ihre vielseitigen Talente und Stärken in der Einführung agiler Arbeitsweisen ein und bereitete nur noch in Ausnahmesituationen Kaffee zu. Die Eigentümerstruktur der *TTC* hatte sich verändert. Haupteigentümer war nun ein Investor aus Fernost, der angeblich die eine Hälfte des Jahres in einem Zen-Kloster verbrachte und die andere Hälfte damit beschäftigt war, Unternehmen in der ganzen Welt zu kaufen und sie nachhaltig für die Zukunft zu wappnen.

»Vielleicht können Sie die linke Schulter noch ein bisschen zu mir drehen und den Blick in die Ferne richten? Ja genau, so ist es gut! Jetzt wirkt es visionär«, sagte der Fotograf zu Tom.

»Und zieh deine Wampe ein, du alter Fettsack«, gab Monty seinen Senf dazu. Gemeinsam schauten sie sich das Foto an. Da stand Tom selbstbewusst und freundlich lächelnd mit einem unter den Arm geklemmten Fußball auf dem grünen Rasen, auf dem vor sechs Monaten das Spiel stattgefunden hatte.

»Wir sollten nach dem Interview allerdings noch ein Bild mit einigen Mitarbeitern und Frau Martens machen«, schlug Ferdinand vor, für dessen Geschmack die Foto-Session zu sehr auf eine One-Man-Show hinauslief.

»Ja«, pflichtete ihm Tom bei, »wir möchten damit zeigen, dass uns das Wohlbefinden aller hier sehr wichtig ist und wir den Zusammenhalt im Team auf spielerische Weise fördern.«

»Da würde ich gerne einhaken«, erwiderte die Journalistin des renommierten Wirtschaftsmagazins, »und Ihnen ein paar Fragen stellen, die mir nach unserem Telefonat noch gekommen sind. Mir ist zum Beispiel bisher nicht ganz klar geworden, wie Sie es schaffen, dass die digitale Transformation nicht als Bedrohung wahrgenommen wird?«

»Es ist klar, dass die Automatisierung unserer Prozesse mit einem neuen Skillset einhergeht, das es zu erwerben gilt. Wir müssen also die Voraussetzungen dafür schaffen, dass alle ihre Stärken einbringen und auch neue Fähigkeiten erlernen können. Und das soll Spaß machen! Es ist eine Chance, sich persönlich weiterzuentwickeln und zu wachsen, weil die Aufgaben insgesamt anspruchsvoller und dadurch auch weniger monoton werden.«

»Wie genau binden Sie Ihre Mitarbeiterinnen und Mitarbeiter in diesen Prozess ein?«

»Wir haben begriffen, dass jede und jeder Einzelne eine wertvolle Ressource ist und kreative Lösungen beisteuern kann. Wir sprechen nicht nur von Agilität und Partizipation, sondern leben sie auch! Deshalb haben wir innovative Workshop-Formate entwickelt, in denen sich alle, die möchten, produktiv einbringen können.«

»Und welche Rolle spielen Sie persönlich als CDO dabei?«

Monty drängelte sich nach vorne, um Toms herausragende Position zu betonen. Doch Ferdinand, dessen Kampfkünste sich inzwischen sehen lassen konnten, nahm ihn beherzt in den Schwitzkasten und ließ Tom weiter zu Wort kommen.

»Ich interpretiere meine Rolle so, dass ich unsere Mitarbeiterinnen und Mitarbeiter beflügele und ihnen Verantwortung übertrage, anstatt sie zu kontrollieren. Es geht darum, dass der digitale Wandel mit der kulturellen Transformation unseres Unternehmens Hand in Hand geht. Das ist weniger eine Frage der eingesetzten Tools und mehr eine Frage der Haltung! Wenn die Entwicklung einer Digitalstrategie als die Sache einer einzelnen Person oder eines kleinen Teams verstanden wird, so ist sie zum Scheitern verurteilt. Nur wenn wir eine breite Akzeptanz sicherstellen, können wir die *TTC* in ein neues Zeitalter bringen.«

Die sympathische junge Journalistin nickte zufrieden und verabschiedete sich. Sie hatte genug zitierfähige Sätze notiert. Für den zu erwartenden Image-Gewinn, der mit dem Artikel über das vorbildliche Change Management der *TTC* einhergehen sollte, war es durchaus von Vorteil, dass sie die parallel laufende Konversation zwischen den unweit entfernt stehenden Jan und Richard nicht vernommen hatte.

»Der Neumann denkt jetzt, er sei der Heiland«, flüsterte Richard.

»Und dabei blendet er komplett aus, dass hier immer noch ziemlich viel schiefläuft.«

»Herr Neumann, haben Sie mal eine Minute für uns?«

»Gerne auch mehr, wenn Sie möchten«, entgegnete dieser so laut, dass es die Journalistin gerade noch hören konnte.

»Wir haben das Gefühl, dass Sie im Interview nicht ganz die Wahrheit gesagt haben.«

Tom, der sich durchaus von den beiden ertappt fühlte, fand schnell eine Erklärung.

»Mir ist schon klar, dass noch nicht alles so funktioniert, wie wir uns das vorstellen. Aber ein positiver Artikel über die *TTC* wird uns richtig nach vorne bringen, Sie werden sehen.«

Tom sollte mit seiner Einschätzung Recht behalten. Der Artikel war tatsächlich Gold wert, und zwar nicht nur für das Unternehmen, sondern auch für seine angekratzte persönliche Reputation. Innerhalb weniger Tage nach Erscheinen des Dossiers über den kulturellen Wandel bei der *TTC* meldete sich ein ganzes Dutzend von qualifizierten jungen Programmiererinnen und Programmierern auf die zu besetzenden Stellen. Und unter seinem Konterfei stand als Bildunterschrift der Satz: "Tom Neumann ist eine wahre *Für-uns-Kraft*! Er ist der Typ *Chief Digital Officer*, den die Unternehmen von morgen brauchen."

Ferdinand und Monty klopften Tom zufrieden auf die rechte und die linke Schulter. Mit der untergehenden Sonne im Rücken schlenderten sie gemeinsam über den Parkplatz der *TTC* – bereit für neue Abenteuer im Innen und Außen.

Epilog

Vielleicht eine letzte Bemerkung zum Schluss. Es gibt Bücher, die angesichts der unendlichen Weite des Universums unachtsam weggelegt werden. Und es gibt Bücher, die das Potenzial haben, uns in der Entfaltung unseres persönlichen Potenzials zu unterstützen. Dieses Buch gehört zweifellos zu den letztgenannten — wenn du, liebe Leserin, lieber Leser, es nur möchtest. Denn es handelt auch von *dir*. Von *dir* und *deinem* inneren Affen. Von *dir* und *deinem* inneren Mönch. Und natürlich davon, wie wir in volatilen und ungewissen Zeiten achtsam und erfolgreich durchs Arbeitsleben gehen können.

Und so endet diese ereignisreiche Episode aus dem Leben unseres Protagonisten auf einer positiven Note. Nicht, weil für ihn auf absehbare Zeit alles günstig verlaufen würde. Ganz im Gegenteil. Vielmehr, weil er es geschafft hatte, seine beiden Kompagnons, den kleinen Mönch und den kleinen Affen, zu Weggefährten und Teammitgliedern zu machen, die — jedenfalls meistens — ein gemeinsames Ziel verfolgten.

Allerdings müssen wir gestehen, dass Ferdinand und Monty nicht ganz einverstanden damit waren, die Geschichte hier ausklingen zu lassen. Auch störte sie der Eindruck, dass sie womöglich nur als imaginäre Freunde,

Hirngespinste oder Engelchen und Teufelchen unserer Hauptfigur wahrgenommen werden könnten.

Deshalb haben wir uns dazu durchgerungen, ihnen an dieser Stelle den Raum zu geben, ihre eigenen Gedanken und Botschaften unzensiert und unkommentiert mit dir zu teilen. Für die Konsequenzen einer möglichen Umsetzung ihrer Ratschläge können wir keine Haftung übernehmen und bitten dich, sie aufmerksam auf Stimmigkeit für dich zu überprüfen.

Denn es kann sehr schnell passieren – und das sollte uns diese Geschichte ja lehren –, dass auf einmal ein kleiner Mönch oder ein Affe im Anzug an *deine* Tür klopft. Und dann stehst du da und weißt (nicht), was du machen sollst . . .

Monty

Also Leute, erstmal krass, dass ihr dieses in weiten Teilen laaaangweilige Buch überhaupt gelesen habt! Also auch die Teile, in denen ich nicht vorkomme. Finde es ziemlich beschissen von York und Sven, dass sie meine authentischen »Fucks« an so vielen Stellen rausgekürzt haben! Außerdem hatten wir eigentlich vereinbart, dass meine Therapie nicht erwähnt wird und ich insgesamt etwas männlicher rüberkomme. Die „Sex and Drugs and Rock N`Roll"-Szenen sind natürlich auch rausgeflogen. Was soll ich sagen: Das sind halt zwei ziemlich verweichlichte Möchtegern-Hipster, die sich dem Zeitgeist unterwerfen und sich von ihrer femininen Seite zeigen wollen. Mein Dank geht also ausdrücklich nicht an die beiden und ihre Frauen und Kinder, die sie während des Schreibprozesses genervt haben.

Aber viel wichtiger für euch nerdige Leseratten da draußen: Ich habe beschlossen, bald mein eigenes Ding zu starten und den kleinen Quoten-Mönch dabei zu featuren. Format ist noch nicht ganz klar, aber es wird auf jeden Fall sehr geil!

Vielleicht ein Podcast, oder eine eigene Kolumne in einer fetten Zeitschrift. Falls ihr Connections habt, sagt Bescheid!

Ping! Hier kommt gerade eine Nachricht von York und Sven rein. Let's see. Sie schreiben, aus Umweltschutzgründen habe ich nur eine Doppelseite Platz und vielleicht könnte ich ja auch noch einmal reflektieren, wie ich mich so im Laufe der Geschichte weiterentwickelt habe. Leute, das ist genau der Grund, warum ich jetzt was Eigenes aufbauen will. Dieses ständige Coaching-Gequatsche geht mir so was von auf die Eier!

So here, in your face, meine Top-10 Tipps für euch:

1. Fahre immer die dickste Karre auf dem Parkplatz!

2. Lass dir nie die Butter vom Brot nehmen, sie gehört dir!

3. Vertraue keinem Mönch, der Ferdinand heißt!

4. Suit up!

5. Für die ausgewogene Ernährung: Bestelle deine Pizza jeden Tag mit einem anderen Belag!

6. Wenn das Äußere stimmt, wächst das Innere nach!

7. Work hard, play hard!

8. Nimm niemals einen fremden Affen als Anhalter mit!

9. Verdammt nochmal, lerne endlich die drei Strophen von „Ice, Ice Baby" auswendig!

10. Ich bin geil. Du bist O.K.

Ferdinand

Ihr Lieben,

ich freue mich außerordentlich, dass mir die geschätzten Autoren York und Sven hier die Möglichkeit einräumen, direkt zu euch zu sprechen. Mein ausdrücklicher Dank gilt auch ihren Familien und Freunden, die sie während des Schreibens unterstützt und ihnen Feedback gegeben haben! Es war mir eine große Ehre, Tom auf seiner Reise zu begleiten und in den friedlichen Dialog mit unserem verhaltenskreativen, jedoch stets liebenswürdigen Monty zu treten.

Gerne würde ich meine Einschätzung der aktuellen Situation mit euch teilen. Die digitale Transformation bringt zwar auf der einen Seite viele Chancen mit sich, aber gleichzeitig birgt sie auch große Gefahren. Mehr als je zuvor, müssen wir eine eigene Achtsamkeitspraxis entwickeln, die es uns ermöglicht, gesund und fokussiert zu bleiben.

Ping! Das ist eine Nachricht von York und Sven. Ich habe ganz vergessen, mein Handy auszuschalten. Sie schreiben, dass Monty nur eine Seite eingereicht habe und er wahrscheinlich austicken würde, wenn ich mehr Platz bekäme.

Na gut, dann möchte ich mich kurzhalten und mich auf das besinnen, was ich in meinem einjährigen Aufenthalt im Kloster über mich und die Welt gelernt habe:

1. Wenn du es eilig hast, gehe langsam.

2. @Monty: Überkompensation des Minderwertigkeitsgefühls führt zu Ehrgeiz, Herrschsucht und Machtstreben. Oberstes Ziel ist eigentlich das Gemeinschaftsgefühl.

3. Ich bin O.K. Du bist O.K. Wir sind O.K.

4. Es ist nicht leicht, das Glück in sich selbst zu finden, doch es ist unmöglich, es anderswo zu finden.

5. Zwischen Reiz und Reaktion liegt ein Raum. In diesem Raum liegt unsere Macht zur Wahl unserer Reaktion.

6. Stelle dich deinen Schatten! Wenn du dir deine innere Situation nicht bewusst machst, erscheint sie im Außen als Schicksal.

7. Liebe ist die Antwort, die Frage ist unwichtig.

8. Emotionale Intelligenz ist die Währung des 21. Jahrhunderts.

9. Das Leben ist keine To-Do-Liste.

10. Meditiere 20 Minuten täglich. Es sei denn, du hast keine Zeit, dann meditiere eine Stunde.